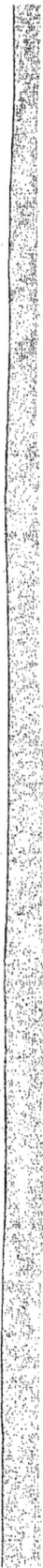

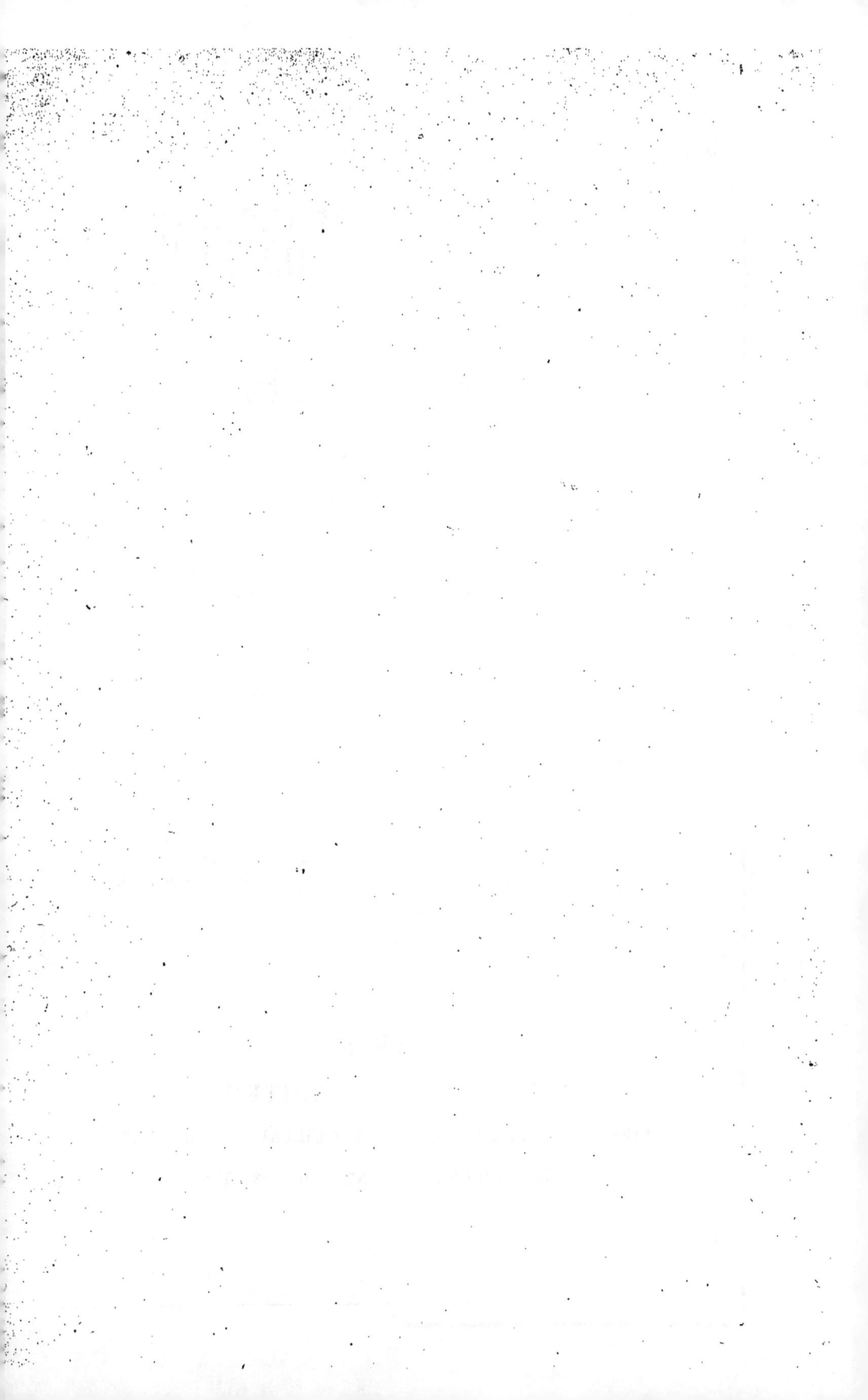

LE JOURNAL PHILOSOPHIQUE

DE

BERKELEY

COMMONPLACE BOOK

(ÉTUDE ET TRADUCTION)

PAR

RAYMOND GOURG

Docteur ès lettres

Professeur au Lycée de Carcassonne

L'Esprit, la chose active, ce qui est
l'âme et Dieu, c'est la Volonté
seule. Les idées sont des effets, des
choses impuissantes.
Commonplace Book, p. 41.

PARIS

FÉLIX ALCAN, ÉDITEUR

LIBRAIRIES FÉLIX ALCAN ET GUILLAUMIN RÉUNIES

108, BOULEVARD SAINT-GERMAIN, 108

1908

LE JOURNAL PHILOSOPHIQUE

DE

BERKELEY

COMMONPLACE BOOK

ÉTUDE ET TRADUCTION

LE JOURNAL PHILOSOPHIQUE

DE

BERKELEY

COMMONPLACE BOOK

(ÉTUDE ET TRADUCTION)

PAR

RAYMOND GOURG

Docteur ès lettres

Professeur au Lycée de Carcassonne

———

> L'Esprit, la chose active, ce qui est
> l'âme et. Dieu , c'est la Volonté
> seule. Les idées sont des effets, des
> choses impuissantes.
> *Commonplace Book*, p. 41.

PARIS

FÉLIX ALCAN, ÉDITEUR

LIBRAIRIES FÉLIX ALCAN ET GUILLAUMIN RÉUNIES

108. BOULEVARD SAINT-GERMAIN, 108

———

1908

A M. E. THOUVEREZ,

professeur de philosophie à la Faculté des Lettres

de l'Université de Toulouse,

Hommage respectueux,

Raymond GOURG.

INTRODUCTION

I

Le cahier de notes de Berkeley, connu sous le nom de *Commonplace Book*, a été écrit entre 1705 et 1708, lorsque l'auteur était encore étudiant à Trinity College, Dublin, et il n'a été publié qu'en 1871 par A. Campbell Fraser, le savant éditeur des œuvres de Berkeley.

Dans ces notes fixées au jour le jour, il n'existe aucun ordre apparent. On ne peut, en effet, considérer comme suffisamment indicatrices les lettres ([1]) qui précédent chacun de ces paragraphes de mathématiques, d'optique ou de philosophie proprement dite. D'un autre côté, on ne saurait reprocher au consciencieux éditeur d'avoir respecté le désordre de ce brouillon où nous pouvons suivre à la fois les lectures diverses de Berkeley, la marche de ses idées, ainsi que les pensées intimes du jeune philosophe impatient de faire connaître à son siècle le principe nouveau destiné à combattre l'athéisme et à défendre la religion.

On nous saura donc gré, pensons-nous, d'avoir conservé l'ordre chronologique dans lequel a été écrit le *Commonplace Book*, dans la traduction qui suit cette étude.

Toutefois, si nous avons voulu ne rien changer à l'original, nous avons cru qu'il était utile de résumer et de juger en quel-

---

[1] Ces lettres sont de Berkeley lui-même et elles ne se trouvent que devant un certain nombre de notes du *Commonplace Book*. Cf. Fraser's Preface to *Cmpl. Bk.*, vol. I, p. 5, édition 1901.

ques pages les théories principales contenues dans cet opuscule. Dans ce but, nous avons relevé, dans plusieurs chapitres, les théories essentielles et nous avons cherché à rapprocher les passages du *Journal* des passages analogues de l'*Essai sur la Vision*, des *Principes de la Connaissance*, des *Dialogues* et d'autres ouvrages moins connus tels que l'*Analyste*, le *Sermon sur l'obéissance passive*, etc. Nous sommes allé chercher dans les œuvres de ce qu'on appelle la première philosophie de Berkeley, le développement des idées qui étaient en germe ou seulement imparfaitement développées dans le « Journal philosophique ». Nous croyons même pouvoir affirmer, après M. Georges Lyon, que toute l'œuvre de Berkeley est déjà visible dans ces notes de jeunesse.

L'idéalisme berkeleyen n'a pas cessé d'avoir de fidèles partisans en Europe et en Amérique. De nombreux écrits témoignent de l'influence persistante de cette philosophie.

Sans parler des ouvrages de Penjon, Carrau, Georges Lyon, il ne faut pas oublier que des traductions des *Principes*, des *Dialogues* d'*Hylas* et de *Philonous* et de l'*Essai sur la Vision* ont été successivement publiées en France par MM. Renouvier, Beaulavon et Parodi en 1889 et 1895. Toutefois une traduction complète des œuvres de Berkeley n'existe pas encore chez nous; celles de la *Siris*, d'*Alciphron*, publiées au XVIIIᵉ siècle, sont fort rares. Rien n'a jusqu'ici été écrit sur l'*Analyste*, ni sur la partie morale de l'œuvre de Berkeley (Sermons, Essais.)

En Angleterre même, les dissertations de Stuart Mill, les pages consacrées à Berkeley par Leslie Stephen, dans son *Histoire de la pensée anglaise au XVIIIᵉ siècle*, de nombreux articles sur la renaissance du berkeleyisme, montrent la faveur dont jouit cette philosophie élevée et profonde. En Amérique enfin, le livre récent du professeur Royce [1], par son interprétation idéaliste de la nature, ramène l'attention des esprits vers les théories de l'évêque de Cloyne.

Nous ne prétendons ajouter à ces œuvres contemporaines

---

[1] *Essay on Nature, Consciousness and Self-Consciousness*, by Josiah Royce, Cambridge, Massachussets, America, 1902.

qu'un document de plus pour l'étude du système de Berkeley et de la formation de ses idées.

Pour arriver à ce résultat, notre étude devait avant tout réfléter fidèlement la pensée de l'auteur ; elle devait s'attacher, non aux contradictions, qui se rencontrent dans ce cahier de jeunesse, où l'auteur cherche sa voie, mais surtout aux idées reprises, développées plus tard, dans les écrits donnés au public. Les passages où se manifestent des hésitations entre plusieurs doctrines, sont d'ailleurs peu nombreux, et le lecteur qui voudra se donner la peine de lire d'un bout à l'autre les notes du journal philosophique, sera frappé de l'unité d'inspiration qui règne, en somme, dans cet écrit, tout peut se ramener à cette idée : passivité, dépendance du monde sensible, activité toute-puissante de l'esprit. Cette formule ne résume-t-elle pas ce qu'il y a d'essentiel dans cette philosophie? Nous allons essayer de dégager les idées principales du *Commonplace Book*, en suivant l'ordre que Berkeley lui-même recommandait de suivre à son disciple américain Johnson, c'est-à-dire l'ordre chronologique de ses écrits. (¹)

---

(1) « Je souhaiterais que tout ce j'ai publié sur ces problèmes philosophiques soit lu dans l'ordre de leur publication. » Œuvres, vol. I, pp. VIII et IX.

Nous nous sommes servi, pour cette étude, de la dernière édition de Fraser, 4 vol., Clarendon Press, 1901.

II

La jeunesse de Berkeley (1685-1713)

Bien que les historiens de Berkeley nous aient raconté les faits saillants de sa vie, il est utile de se représenter le milieu où s'est écoulée sa jeunesse, afin de mieux comprendre ses idées et en particulier son *Journal*.

D'après Mr Fraser, beaucoup d'obscurité enveloppe les origines de la famille de Berkeley. Nous savons seulement qu'elle était apparentée à la noble famille des Berkeley de Stratton. Nous connaissons par le registre de l'école de Kilkenny la date de la naissance de George Berkeley : on doit la fixer vers 1685, son entrée à l'école, en juillet 1696. Berkeley avait alors onze ans. Cette école était si renommée pour le savoir de ses maîtres qu'elle était surnommée le collège d'Eton de l'Irlande. Swift en était sorti, quelques années auparavant, et Prior y entrait en même temps que Berkeley dont il devait rester l'ami fidèle. Quoique jeune, Berkeley était admis dans la seconde classe, et ce fait est un indice de sa précocité, car il n'y a pas d'autre cas analogue dans le registre. (1)

Berkeley passa quatre ans dans cette paisible vallée de la Nore, rivière de Kilkenny, qui avait été le théâtre de la retraite précipitée de Jacques II poursuivi par Guillaume d'Orange, après la défaite de la Boyne. Peut-être que Berkeley puisa dans cette province couverte de gras pâturages et de collines boisées, cet amour de la nature qu'il manifeste dans ses écrits. Il visita la grotte de Dunmore ; il en écrivit une description publiée avec ses autres papiers posthumes.

---

(1) Fraser, *Life and Letters of Berkeley*, édition de 1871, vol. IV, p. 10.

Quel genre d'études avait-il abordé à Kilkenny, quel caractère avait-il montré à l'école, c'est ce que nous ne pouvons savoir faute de documents ; nous n'avons pas à tenir compte des
légendes. Dans cette première partie de sa jeunesse, rien ne
peut nous faire présumer ce que Berkeley deviendra plus tard.

Il fut immatriculé au collège de la Trinité de Dublin le 21
mars 1700. Dublin comptait, à cette époque, 50,000 habitants,
environ; cette. ville se relevait péniblement des ruines de la
guerre d'Irlande (¹). Il en était de même de l'Université dont le
prévôt, Pierre Brown, plus tard évêque de Cork, s'était montré
le plus vigoureux adversaire de Toland, l'auteur du livre intitulé :
Le Christianisme n'est pas mystérieux. (²)

En dehors de l'Université, les études scientifiques et philosophiques étaient en honneur, grâce à William Molyneux, disciple de Descartes, dont il traduisait les *Méditations* en 1680,
ainsi que les *Réponses à Hobbes*. En 1682, Molyneux fondait la
Société Royale de Dublin; il publiait, en 1692, ses *Dioptrica Nova*
et correspondait avec Locke de 1692 à 1698. Grâce à lui, les doctrines de l'*Essai* pénétraient dans l'Université de Dublin, tandis
que John Norris, dès 1701, propageait les théories de Malebranche. Newton avait déjà publié ses *Principes* et son *Optique*. En
physique et en philosophie proprement dite, l'influence scolastique diminuait graduellement à Dublin en face de la physique
et de la philosophie modernes. (³)

Ce milieu était donc favorable au développement d'un esprit
original et indépendant tel que celui de Berkeley.

Il nous apparaît, dès cette époque, comme un jeune étudiant
laborieux, méditatif, objet de la raillerie de quelques-uns de
ses camarades, de l'admiration de ses vrais amis.

Son goût pour les expériences se manifeste parfois d'une manière bizarre, par exemple dans son aventure avec Conterini,
oncle de Goldsmith. Au retour d'une exécution capitale, il voulut,
dit-on, connaître les sensations éprouvées par un pendu et se fit

---

(1) Fraser, *Life and Letters*, vol. IV, p. 16 et suiv., éd. 1871.
(2) *Ibid.*, p. 18.
(3) *Ibid.*, p. 20.

effectivement suspendre la corde au cou, non sans risquer de perdre la vie dans cette téméraire tentative. (¹)

Dès 1704, il était reçu bachelier (B. A. Bachelor of Arts) : c'est l'année de la mort de Locke.

L'année suivante, il fondait avec quelques amis une société pour l'étude de la philosophie nouvelle : les statuts de cette société ont été retrouvés dans ses papiers posthumes. Ce document prouve l'intérêt que prenait Berkeley à l'étude de Locke, Newton. Il contient des problèmes semblables à ceux qu'il cherche à résoudre à la même époque dans son *Commonplace Book* dont la première page porte en effet la date 1705.

Pendant les années suivantes, jusqu'en 1709, Berkeley travaille à fixer ses pensées, à mesure qu'elles se présentent, dans ce cahier de notes que l'éditeur de Berkeley, Mr Fraser, appelle le *Commonplace Book*. Il note ses lectures, ses réflexions, ses doutes dans les questions difficiles. Il cite Locke ; il le combat tout en subissant son influence et tout en reconnaissant son mérite. Il accumule, dans ce journal de jeunesse, les matériaux des deux premiers ouvrages importants qu'il va publier : l'*Essai sur la vision* et les *Principes*. Et ce travail personnel actif ne l'empêche point de subir avec succès l'épreuve de *Master of Arts*, en 1707, l'année même où il publie ses deux traités latins intitulés *Arithmetica* et *Miscellanea Mathematica*. Ces deux opuscules étaient anonymes : le nom de Berkeley paraît seulement en tête de l'*Essai sur la vision* en 1709 qui est suivi de la publication des *Principes*, dès 1710.

Mr Fraser dit justement que l'*Essai* ne se comprend entièrement que grâce au principe nouveau que Berkeley se vante d'avoir découvert : or ce principe est tenu en réserve dans le *Commonplace Book* et n'est développé que dans les *Principes de la Connaissance*. On peut le formuler ainsi : « Il est impossible de concevoir l'existence indépendamment de la perception et de la volition : tout ce qui existe perçoit et veut, ou bien est perçu et voulu. » (²)

---

(1) Fraser, *Life* p. 20. vol. IV, édition 1871,

(2) Définition du Principe d'après Fraser, p. 29, *ibid.*

Telle est l'arme dont Berkeley veut se servir contre les abstractions des mathématiciens, des philosophes. Il en use timidement
dans l'*Essai*. Il l'emploiera audacieusement dans les *Principes*.

Cependant il venait d'être ordonné diacre en 1709 ; en cette qualité, il put, deux ans plus tard, prononcer son célèbre *Discours sur
l'Obéissance passive*. En 1712, il se préparait à répandre dans
le public, au moyen de dialogues, les idées qu'il avait soumises
aux lettrés dans les *Principes* ; le nouvel ouvrage paraissait en
juin 1713. A cette date se termine la première période de la vie
de Berkeley : c'est la plus studieuse et la plus féconde. Son bio-
graphe anglais a raconté comment Berkeley fut amené à quitter
l'Angleterre pour voyager sur le continent ; comment il fut
soupçonné de jacobitisme, à la suite de la publication de son
discours ; comment il fut présenté à la cour de la reine, à son
parent lord Berkeley de Stratton, par Swift, comment enfin il
prit parti dans le *Guardian* de Steele, contre les libres penseurs
dont Collins (¹) était le chef.

En 1713 il partait pour l'Italie, en qualité de secrétaire et
chapelain du comte de Peterborough ; il ne devait pas revenir
aux études philosophiques avant 1721, date de la publication du
de Motu, encore était-ce d'une manière exceptionnelle et fortui-
te. Il faut attendre jusqu'en 1732, année de l'apparition d'*Alciphron* pour voir Berkeley reprendre son activité littéraire et la
controverse religieuse commencée dans les Essais du *Guardian*,
vingt ans auparavant.

---

(1) *Discourse of Free Thinking occasioned by the Rise and Growth of
a Sect called Free Thinkers*, by A. Collins, 1713.

CHAPITRE PREMIER

LES IDÉES ABSTRAITES

Le **Commonplace Book** et l'Essai sur la Vision

1. — Le Commonplace Book

Une des idées le plus fréquemment exprimées dans le *Commonplace Book* est l'impossibilité pour l'esprit de former des idées abstraites. A la première page Berkeley écrit : « Pas d'idées générales : le contraire, cause d'erreur et de confusion dans les mathématiques. A noter cela dans l'Introduction. » Déjà nous voyons apparaître le nominalisme des *Principes :* toute idée est particulière et peut devenir générale, c'est-à-dire connoter un nombre indéfini d'idées particulières. « Toutes les idées viennent du dehors, elles sont particulières. » (¹) Cette affirmation revient, sous des formes différentes, un grand nombre de fois : « Nous ne pouvons pas davantage avoir l'idée de la longueur sans largeur, ou sans visibilité, que d'une figure générale. » (²) Une allusion est faite à l'idée du triangle en général de Locke, avec laquelle il se propose de porter le coup de grâce à la doctrine de l'abstraction. (³)

(1) *Commonplace Book*, p. 84, éd. 1901.
(2) *Ibid.*, p. 17.
(3) *Ibid.*, p. 38.

Comme conséquence funeste de cette doctrine, Berkeley cite les abus du langage. « Se plaindre longuement, dit-il, de l'imperfection du langage. » (¹) Il entend par ces mots la tendance à réaliser les abstractions, dans la philosophie, dans les sciences. Il veut qu'on examine si les mots répondent à des idées et qu'on ne se laisse pas imposer par des abstractions pures. C'est là, suivant notre jeune philosophe, le défaut des savants, car le vulgaire croit à la réalité des choses sensibles : il ignore les idées abstraites. « On ne peut trouver des idées abstraites que parmi les savants. Le vulgaire n'a jamais pensé qu'il possédait de telles idées et il n'en ressent vraiment pas le besoin. Genres, espèces, idées abstraites, sont des termes inconnus pour lui. » (²)

De là viennent les « frivolités et les erreurs » de la scolastique et des mathématiques... « La doctrine de l'abstraction a des conséquences funestes dans toutes les sciences. Entièrement, l'œuvre du langage. » (³)

« Les mots, dit-il encore, ont infesté et ruiné toutes les sciences, droit, médecine, chimie, astronomie... Je souhaite que mon lecteur soit mis en garde contre la duperie des mots... Qu'il considère seulement mes paroles comme l'occasion de présenter à son esprit des significations précises. En tant qu'elles manquent d'atteindre ce résultat, c'est un jargon : elles ne méritent pas le nom de langue. » (⁴)

Qu'il y ait des réalités auxquelles aucun mot ne correspond et que nous pouvons arriver à découvrir, d'une part, et de nombreuses entités auxquelles ne correspond rien de réel, c'est ce dont Berkeley ne doute pas. « Nous connaissons beaucoup de choses que nous ne pouvons exprimer faute de mots. On peut faire de grandes découvertes d'après ce principe. Faute d'en tenir compte, plusieurs sont tombés dans diverses erreurs : s'efforçant d'étendre leur science à l'aide de mots, ils ont cru, après l'échec de leur tentative, que c'était la faute de leur savoir, alors qu'en réalité c'était celle de leur langage (⁵)..... Mais,

---

(1) *Commonplace Book*, p. 29.
(2) *Ibid.*, p. 40.
(3) *Ibid.*, p. 26.
(4) *Ibid.*, p. 40.
(5) *Ibid.*, p. 18.

direz-vous, je trouve difficile de voir par-dessous les mots et de découvrir mes idées. Je vous réponds : l'usage rendra la chose facile. » (¹)

Après avoir ainsi témoigné de son mépris pour l'abstraction, nous ne sommes pas surpris de voir Berkeley se railler des exercices stériles de la logique formelle et des puérilités de la scolastique. (²)

« Qu'est-ce, dit il, que la manière suivante de ratiociner, sinon un fouillis de mots? *Omnis homo est animal ; omne animal vivit, ergo omnis homo vivit...* C'est pur amusement, jeu de mots (³) ».

Face à face avec la réalité, privé du langage et de l'abstraction philosophiques, Berkeley aime à imaginer l'homme solitaire obligé de se représenter les choses sans l'intermédiaire des mots. Il fait, à différentes reprises, cette hypothèse étrange. « Il serait très utile et de la plus grande importance de contempler un homme doué de facultés admirables, jeté seul dans le monde, et de voir ce qu'il connaîtrait, après une longue expérience (⁴). » Dans un autre passage, l'auteur se demande ce « que penserait l'homme isolé de l'idée de nombre (⁵)... S'il n'avait pas et ne pouvait pas avoir, avant, aucune idée abstraite, il ne pourrait pas en avoir après qu'il aurait appris à parler. » (⁶)

Comme conclusion de cette critique sévère des idées abstraites, le jeune étudiant philosophe affirme qu'il est impossible de ne pas atteindre la vérité « si nous consentons à laisser les mots de côté... Certainement, dit-il, je ne peux pas me tromper en matière de simple perception. Dans la mesure où nous pouvons raisonner sans le secours des signes, nous arrivons à la connaissance certaine (⁷). » Il s'approprie le conseil de Hobbes : *Recipe in animum tuum, per cogitationem vehementem, rerum*

---

(1) *Commonplace Book*, p. 75.

(2) *Ibid.*, p. 44.

(3) *Ibib.*, pp. 36 et 48.

(4) *Ibid.*, p. 26.

(5) *Ibid.*, p. 34.

(6) *Ibid.*, p. 43.

(7) *Ibid.*, p. 39.

ipsarum, non literarum aut sonorum imagines ([1]). Il se promet enfin de « corriger son style et de lui donner la plus grande précision philosophique possible. » ([2])

La guerre aux idées abstraites, que Berkeley a commencée dans son cahier de notes, est poursuivie dans l*Essai sur la vision*, dans les *Principes*, le *de Motu*, dans toute la première partie de sa carrière.

Dans l'*Essai*, l'étendue prise abstraitement et détachée des qualités tangibles et visibles, « une ligne ou surface entièrement dépouillée de toute autre qualité ou circonstance sensible capable de la déterminer, ([3]) » est déclarée inconcevable. L'objet de la géométrie n'est pas l'étendue abstraite, d'après l'auteur de l'*Essai*, mais l'étendue tangible. Dès ce premier écrit, apparaît la critique de l'idée générale de triangle au moyen de laquelle le jeune philosophe de Trinity College s'était promis de donner le coup de grâce aux abstractions des métaphysiciens et des savants. Toutefois, ce point se trouvant hors de son sujet, il y reviendra l'année suivante, dans les *Principes* dont toute l'introduction est une longue attaque contre les idées abstraites. Les erreurs et les difficultés innombrables dans toutes les branches de la connaissance ne seraient dues qu'au pouvoir qu'on attribue à l'esprit de former ces idées ; telles sont l'idée abstraite de l'étendue, du mouvement, de l'homme en général, du triangle, etc. Non seulement il nous est impossible de former ces idées, mais elles sont inutiles.

En conséquence, comme elles dérivent du langage, il ne faut employer que les mots correspondant à une idée particulière et connue. « Ecartons le voile des mots », cherchons des idées : tel est le premier principe de la connaissance.

Dans le corps de l'ouvrage ([4]), les conceptions abstraites du temps, de l'espace, du mouvement, de l'existence, sont considérées comme difficiles et incompréhensibles. L'idée de bonheur

---

(1) *Commonplace Book*, p. 53.
(2) *Ibid.*, p. 74.
(3) *Essai*, sect. 122, 125.
(4) *Principes*, sect. 97 — 100.

séparée de tout plaisir particulier, l'idée de bien séparée de tout ce qui est jugé bon, en ce qui concerne les notions morales, sont d'autres exemples des obscurités qu'entraîne la doctrine de l'abstraction.

Plus loin ([1]), l'idée de nombre, la théorie de la divisibilité infinie de l'étendue, les paradoxes de la géométrie « pour lesquels le bon sens des hommes éprouve la répugnance la plus claire, » sont accusés d'être la source d' « un grand nombre des difficultés et des contradictions qui ont toujours été regardées comme une honte pour la raison humaine. »

Cette même doctrine ne contribue pas moins à « rendre compliquées et obscures les sciences qui s'occupent des choses de l'esprit. »

C'est ainsi « qu'on a cru possible de former des notions abstraites des pouvoirs et des actes de l'intelligence. » ([2])

Dans le *Commonplace Book*, Berkeley avait déjà écrit :

« Le contraire du Principe a été, à mon avis, la source principale de tout le scepticisme, de toute la folie, de toutes les contradictions, de toutes les difficultés inextricables qui furent, de tout temps, la honte de la raison humaine, autant que de cette idolâtrie, de cette soif de l'or qui aveugle la plupart des hommes, ou de cette dépravante immoralité qui nous change en bêtes. »([3])

Nous pourrions citer d'innombrables passages où Berkeley poursuit sa guerre contre les idées abstraites dans les sciences et dans la philosophie. A vrai dire, n'est-ce pas l'idée principale, celle à laquelle il revient sans cesse ? Et sa critique de la matière et de la substance ne se ramène t-elle pas à une critique très vive de l'abstraction ? Comment ne pas se souvenir d'ailleurs des éloges que Hume et Stuart Mill adressent à l'auteur des *Principes*, sur ce point particulier ? « Je regarde cette vérité, dit le le premier, comme l'une des plus grandes et des plus précieu-

---

(1) *Principes*, sect. 118 — 132.

(2) *Ibid.*, sect. 143,

(3) *Cmpl. Book*, p. 7.

ses découvertes qui aient récemment été faites dans la république. des lettres. » (¹)

Même dans les ouvrages de la deuxième période, dans l'*Alciphron*, et jusque dans la *Siris*, Berkeley revient sur l'idée abstraite de force séparée de l'idée de corps, de mouvement et de tous les effets sensibles ; sur l'idée de Dieu « qui n'est pas une idée abstraite faite d'éléments contradictoires et séparée de toutes les choses réelles, comme quelques modernes entendent l'abstraction (²). » Un passage d'un pamphlet moins connu : la *Défense de la libre pensée en mathématiques* nous explique comment l'hostilité de Berkeley pour les idées abstraites ne provient pas d'un penchant immodéré à la critique, mais de l'amour pour la vérité et du désir de bannir les faux principes et les fausses manières de penser, sans aucune considération de personnes. (³)

2. — L'Essai sur la Vision

Un grand nombre de passages du *Commonplace Book* se rapportent soit à la théorie de la vision, soit à des problèmes d'optique, et, à mesure que l'on avance vers la fin de l'ouvrage, ces passages deviennent de plus en plus fréquents. La *Nouvelle théorie de la vision*, publiée en 1709, « absorbait évidemment

---

(1) *Traité de la nature humaine*, 1ᵉ Part., sect 7.
Dans l'*Alciphron*, Berkeley corrige son nominalisme absolu : il admet l'emploi légitime de l'idée de force, pourvu qu'on accepte également les notions morales du moi, de la grâce, etc.

(2) *Alciphron*, Dialogue VII, sect. 5 - 7 ; *Siris*, 323 - 335.

(3) *Defence of Free Thinking in Mathematics*, sect. 45 - 48.

l'esprit de Berkeley, selon l'expression de Mr Fraser (¹), ainsi que la sublime conception du monde matériel dans sa dépendance nécessaire du monde spirituel qu'il exposa dans son livre des *Principes*, en 1710. » Effectivement la vue est l'organe principal qui nous fournit les premières données de la matière. C'est par l'idée d'extériorité que Berkeley entreprend sa critique générale du monde visible, n'insinuant ainsi que prudemment et par degrés les principes de la philosophie nouvelle. A ce point de vue, on peut dire que l'*Essai sur une nouvelle théorie de la vision* est la préface dans laquelle Berkeley prépare les esprits à accepter les conceptions hardies des *Principes* et des *Dialogues*.

Il se proposera d'expliquer, dans son *Essai*, comment à l'aide de signes visuels, nous pouvons interpréter les qualités tangibles de nature hétérogène et sans connexion avec les premières. Voici comment il résume lui-même son livre : « Les objets propres de la vision constituent le langage universel de la nature..... C'est par les informations qu'ils nous donnent que nous sommes surtout guidés dans toutes les affaires et dans toutes les occupations de la vie.... Ils ne nous suggèrent point les choses signifiées en vertu de quelque ressemblance ou identité de nature, mais seulement par une association habituelle que l'expérience nous a fait remarquer entre eux. (²)

« L'erreur commune des opticiens, d'après laquelle nous jugeons de la distance par les angles, enracine le préjugé d'après lequel nous voyons les objets au dehors et éloignés de l'esprit. » (³)

Ne semble-t-il pas que cette pensée exprime toute la portée de l'*Essai* sur la vision ? Or, où se trouve-t-elle ? Dans la première partie du *Commonplace Book*.

Pour rendre sa pensée plus claire, Berkeley la développe sous plusieurs formes. « Les auteurs des traités d'optique, dit-il plus loin (⁴), font fausse route dans leurs principes sur la manière de juger des grandeurs et des distances.... La distance

---

(1) Préface du *Commonplace Book*.
(2) *Essai*, sect. 147. — Trad. Beaulavon et Parodi.
(3) *Cmpl. Book*, p. 30.
(4) *Ibid.*, p. 43.

n'est pas perçue, les angles optiques ne sont pas perçus. De quelle manière perçoit-on donc l'étendue par la vue ? (1)..... Par l'acte pur de la vision, nous croyons percevoir la distance, or cela n'est pas ; nous croyons aussi percevoir les solides, pourtant cela n'est pas ; nous croyons aussi percevoir l'inégalité des objets vus sous un même angle, ce qui n'est pas (2)... Nous croyons que si la vue venait de nous être donnée, nous jugerions de la distance et de la grandeur des objets, comme en ce moment. Il en est de même des notions si positives que nous avons sur la situation des objets. » (3)

Ouvrons l'*Essai* aux premières pages, qu'y lisons-nous ? « Que la distance est imperceptible dans sa nature propre.... (4) Puisque ces angles et ces lignes ne sont pas eux-mêmes perçus par la vue, il résulte que l'esprit ne juge point par eux de la distance des objets. » (5)

Il faut remarquer, cependant, que le côté négatif de la thèse est seul longuement développé dans le *Commonplace Book*. Comment percevons-nous la distance à défaut des angles et des lignes ? Voilà ce que l'*Essai* nous apprend. Par les sensations musculaires qui accompagnent l'acte de la vision et auxquelles sont associées les idées de distance. Ces sensations sont immédiatement perçues : elles ne sont le résultat d'aucun raisonnement, d'aucune démonstration, et le premier venu peut en faire l'expérience. « On ne saurait croire que les animaux, les enfants, ou même les gens adultes et raisonnables, toutes les fois qu'ils aperçoivent qu'un objet s'approche ou s'éloigne d'eux, le fassent en vertu d'une démonstration géométrique (6) ». Notons en passant cette résistance de Berkeley, sur le terrain du sens commun vulgaire, contre les mathématiciens et les savants en général. C'est la première escarmouche avant le combat.

---

(1) *Cmpl. Book*, p. 72.
(2) *Ibid.*, p. 74.
(3) *Ibid,*, p. 83.
(4) *Essai*, sect. 11.
(5) *Essai*, sect. 13.
(6) *Essai*, sect. 24.

En ce qui concerne l'hétérogénéité de l'étendue visuelle et, de l'étendue tangible, qui sera plus tard une des analyses les plus fécondes de la première philosophie de Berkeley, elle est continuellement soutenue dans le *Commonplace Book*. Pour l'établir, il a recours à l'hypothèse de l'aveugle-né.

Voici quelques extraits du *Journal* dans l'ordre où ils ont été écrits :

« Vous ne pouvez pas dire que le minimum tangible ressemble, est identique au minimum visible, sous prétexte que ce sont des minima à peine perçus et presque des riens. Vous pourriez aussi bien prétendre que le minimum tangible est semblable ou identique à un son si faible qu'il est à peine perçu. (1)

« Un homme dit qu'un corps paraît aussi grand qu'avant, quoique l'idée visible que ce corps fait naître soit moindre que ce qu'elle était, c'est pourquoi la grandeur ou étendue tangible du corps est différente de l'étendue visible.... (2)

« Que pouvons-nous voir hormis les couleurs ? Que pouvons-nous sentir hormis le dur, le doux, le froid, le chaud, le plaisir, la douleur ? Pourquoi ne pas goûter et sentir l'étendue ? Pourquoi ne pas juger les étendues tangibles et visibles comme hétérogènes ? Pourquoi du moins ne sont-elles pas considérées comme aussi hétérogènes que le bleu et le rouge ? (3)

« Ce que je vois n'est qu'une variété de couleurs et de lumière. Ce que je sens est dur ou mou, chaud ou froid, rugueux ou lisse, etc. Quelle ressemblance y a-t-il entre ces idées ? Un tableau peint avec une grande variété de couleurs affecte le toucher d'une manière uniforme. (4)

« Ce qui paraît uni et rond au toucher peut, au regard, paraître tout autrement. D'où pas de connexion nécessaire entre les idées visibles et les idées tangibles. » (4)

---

(1) *Cmpl. Book*, p. 41.
(2) *Ibid.*, p. 55.
(3) *Ibid.*, p, 68.
(4) *Ibid.*, p. 75,
(5) *Ibid.*, p. 78.

«« Les mesures fixes, pouces, pieds, etc., appartiennent à l'étendue tangible, non à l'étendue visible. » (¹)

Reportons-nous maintenant aux sections 49, 55, 59, 61, 65 de l'*Essai*. Dans l'une d'elles, Berkeley dira que « ce n'est jamais un seul et même objet que l'on touche. Ce que l'on voit est une chose et ce que l'on touche est autre chose. »

Examinant l'idée de grandeur et la manière dont nous la percevons, il distinguera la grandeur visible de la grandeur tangible : l'une variable, l'autre fixe. Dans la section 55, l'idée est clairement expliquée. « La grandeur de l'objet qui existe en dehors de l'esprit et qui est à une certaine distance, continue à être toujours invariablement la même ; mais l'objet visible qui change sans cesse, selon que nous nous approchons ou que nous nous éloignons de l'objet tangible, n'a pas de grandeur fixe et déterminée. Toutes les fois, dès lors, que nous parlons de la grandeur d'une chose, par exemple d'un arbre ou d'une maison, nous devons entendre la grandeur tangible. »

Quand il s'agit de mesures fixes, il faut donc entendre les grandeurs tangibles invariables et déterminées.

« Un pouce visible n'est pas lui-même une grandeur déterminée une fois pour toutes et ne peut dès lors servir à marquer et déterminer la grandeur de quelque autre chose (²). » La même idée est brièvement exprimée dans le *Journal*. « Les mesures fixes, pouces, pieds, etc., appartiennent à l'étendue tangible, non à l'étendue visible. » (³)

Que la distance, la grandeur, ne sont perçues qu'indirectement par l'intermédiaire d'autres idées, comme la honte est perçue par la rougeur du visage, c'est également une des affirmations les plus fréquentes du *Journal* et de l'*Essai*. En voici une preuve tirée, en premier lieu, du *Journal* : « J'ai vu la joie dans son regard. J'ai vu la honte sur son visage ; c'est de la même manière que je vois la figure ou la distance. » (⁴)

---

(1) *Cmpl. Book*, p. 82.
(2) *Essai*, sect. 61.
(3) *Cmpl. Book*, p. 82.
(4) *Ibid.*, p. 76.

« Nous voyons la grandeur de la même manière que nous voyons la distance. Et nous voyons l'une et l'autre de la même manière que nous voyons la honte ou la colère dans les regards d'un homme, etc. ([1]) » D'après ce qui précède, il ressort clairement que la distance et la grandeur sont indirectement perçues par le moyen d'autres idées que nous apprenons à interpréter par l'expérience. Or ces signes ne sont associés aux idées de grandeur ou de distance que d'une manière conventionnelle. En d'autres termes, il aurait pu arriver que tel signe par lequel nous avons l'habitude de percevoir la grandeur ou la petitesse, le rapprochement ou l'éloignement d'un objet, indique exactement le contraire. Cette théorie de la contingence des signes visuels sera reprise et étendue plus tard, aux lois naturelles en général. La voici indiquée dans un paragraphe du *Journal philosophique* ; nous savons déjà qu'elle n'est pas négligée dans l'*Essai sur la vision.* « D'où il ressort clairement que les idées de la vue qui maintenant sont associées à l'idée de grandeur, pourraient avoir été associées à l'idée de petitesse et vice-versa ; car il n'y a pas de raison nécessaire pour qu'un grand angle, la faiblesse (des couleurs), la vision distincte, sans tension (des muscles) représentent une grande étendue, plutôt qu'un grand angle, la vigueur et la confusion ([2]). » Il suffit de se reporter aux sections 58, 59, 62, 63 où il est question de l'absence de toute relation nécessaire entre les grandeurs visibles et les grandeurs tangibles et de l'impossibilité d'inférer l'une de l'autre d'une manière certaine et infaillible. « Les grandeurs visibles les plus considérables pourraient avoir été associées avec les grandeurs tangibles les plus petites et les avoir introduites dans nos esprits. » ([3])

Quelle que soit la nature de cette relation constamment observée entre l'étendue visible et l'étendue tangible, elle n'en existe pas moins. Comment peut-on l'expliquer ? Comment Berkeley en rend-il compte, dans l'*Essai*, ([4]) les *Principes* et l'*Alciphron* ? N'est-ce pas une sorte de langage que l'Auteur des

---

(1) *Essai*, sect. 65.

(2) *Cmpl. Book*, p. 73.

(3) *Essai*, sect. 73.

(4) *Ibid.*, sect. 59.

choses parle à l'homme et à toutes les créatures en vue de leur propre intérêt, de leur conservation personnelle ? Par le sens de la vision nous sommes avertis des dangers que l'étendue tangible pourrait faire courir à notre corps. Grâce à la lecture rapide de ce langage dont le sens nous est rendu plus clair par l'expérience et l'habitude, et qui nous met en relations directes et continuelles avec le Créateur, nous pouvons éviter la peine, rechercher le plaisir. Or que dit Berkeley dans son *Cahier de Notes*? « Quoique les choses eussent pu être autrement, il est utile que le même objet qui est matière visible soit aussi matière tangible, ou quelque chose de bien approchant. » (1)

Voilà le germe de la théorie métaphysique exposée dans le quatrième dialogue d'*Alciphron*, où, selon M. Georges Lyon, cette psychologie de la vision, esquissée plus haut, donne naissance à une théologie rationnelle. (2)

Dans ce rapprochement du *Journal* et de l'*Essai*, nous avons passé sous silence quelques problèmes d'optique qui embarrassaient alors les savants : tel est celui de la grandeur apparente de la lune à l'horizon, dont il est fait mention à plusieurs endroits du *Commonplace Book* (3), et qui est longement exposé (sect 67-78) dans l'*Essai*.

Par contre, nous devons signaler le goût manifesté pour les expériences précises au sujet de l'hypothèse de l'aveugle-né, sur laquelle Berkeley revient sans cesse. (4) On connaît la solution donnée par Locke du problème de Molyneux : cette même solution est adoptée par Berkeley dans le *Commonplace Book* et plus tard, dans l'*Essai sur la vision*. (5)

En résumé, dès le temps où il écrivait son journal, toutes les principales théories émises en 1709 étaient déjà soit en germe, soit complètement développées ; telles sont l'invisibilité de la distance et de la grandeur ; le caractère hétérogène des idées

---

(1) *Cmpl. Book*, p. 56.
(2) *L'Idéalisme anglais au XVIII° siècle*, chap. sur Berkeley.
(3) Cf. p. ex. p. 68 du *Cmpl. Book*.
(4) *Ibid.*, pp. 12, 59, 60, 62, 65.
(5) *Essai*, sect. 132.

tangibles et des idées visibles ; l'utilité des signes visuels par rapport aux qualités tangibles des objets ; l'impossibilité pour l'aveugle-né de percevoir, avant toute expérience locomotrice, l'extériorité des objets, ou plutôt l'identité des sensations visuelles et des sensations tactiles ; enfin le langage universel parlé par le Créateur à ses créatures et le vaste symbolisme du monde sensible. Toutes ces théories, dont quelques-unes étaient des découvertes, sont déjà dans le *Commonplace Book*. Elles y sont jetées pêle-mêle, au hasard des lectures et méditations quotidiennes. Mais on peut, en les mettant en ordre, comprendre sans peine, comment elles ont fourni tous les matériaux nécessaires à la composition de l'*Essai*.

CHAPITRE II

LA SUBSTANCE

Le **Commonplace Book**, les **Principes**, les **Dialogues** et le **de Motu**

1. — La Matière

« Nous ne connaissons pas le sens des expressions, réalité, étendue, existence, pouvoir, matière, lignes, infini, point, et bien d'autres qui sont constamment employées, alors que peu de notions claires et déterminées leur correspondent dans notre esprit. (¹)

« Une cause de beaucoup d'erreurs et de confusion a été l'ignorance du mot *réalité* » (²)

Nous croyons qu'il est bon de commencer la critique de la matière telle qu'elle est exposée dans le *Commonplace Book* par ces deux passages importants. On peut dire, en effet, que le principal reproche que Berkeley fait aux matérialistes, c'est d'avoir cru à la réalité d'une idée abstraite et inaccessible aux sens. Nous venons de voir combien il avait déjà, dans l'*Essai*,

---

(1) *Compl. Book*, p. 22.
(2) *Ibid.*, p. 48.

signalé le danger des abstractions. Il y revenait dans l'introduction aux *Principes*. Les trois dialogues d'Hylas et le Philonous sont employés à démontrer l'impossibilité de concevoir une
matière absolue, indépendante de l'esprit ; une telle conception
est reléguée au nombre des idées abstraites des philosophes
car la foule l'ignore et ne croit pas à l'existence de ce substratum
inconnu. Une grande partie de l'œuvre de Berkeley est remplie
par cette lutte contre les idées générales abstraites. Hume la
considère comme la plus importante. Sur nulle autre question
Berkeley n'est plus inspiré, plus abondant, plus persuasif.
Comme il redoute son penchant excessif vers la raillerie,
il se promet d'être calme. Il veut convaincre ses lecteurs
de la vérité du « Principe ». Pour cela, il entrera d'abord dans
leurs vues, en ne changeant les formes ordinaires du langage qu'avec prudence. Il triomphera par la logique et la force
de ses raisonnements sans s'appuyer sur l'autorité des grands
hommes.

Telle est la clarté du « Principe » nouveau que Berkeley ne
peut tirer vanité de l'avoir découvert, car il suffit d'ouvrir les
yeux pour voir. Il croit toutefois avoir trouvé la vraie définition
de l'existence. « J'insiste principalement sur la découverte de la
nature, du sens, de l'idée d'existence... Je crois que c'est tout à
fait nouveau. Je suis sûr que c'est nouveau pour moi. » (¹)

Enumérant sous une forme très concise les arguments qu'il se
propose de développer, Berkeley écrit en formules brèves: « Toutes
nos connaissances portent sur des idées. Toutes les idées viennent
du dehors ou du dedans » (²). Par cette double affirmation, il
indique sa future théorie de la connaissance. Il incline donc vers
le sensualisme de Locke. S'il adopte cette théorie, il a pourtant
hésité un moment. C'est ainsi qu'il se proposait tout d'abord de
« ne pas parler de la sensation et de la réflexion, mais, au lieu de
la sensation, se servir de la perception ou de la pensée en général. » (³)

(1) *Cmpl. Book*, p. 17.
(2) *Principes*, sect. 1. *Cmpl. Book*, p. 89.
(3) *Cmpl. Book*, p. 27.

Ainsi toutes nos connaissances se réduisent à des sensations ou à des idées. Par conséquent, toute réalité repose, en dernière analyse, sur nous-mêmes. La critique de toutes les idées venues du dehors, étendue, solidité ou résistance, mouvement, la dépendance de toutes ces idées à l'égard de l'esprit; l'élimination de l'idée de substance matérielle, en tant que réalité distincte des idées perçues; la conception d'un monde sensible soumis aux lois de la volonté divine: telles sont les idées principales que nous devrons retrouver indiquées dans le *Journal philosophique*, s'il est vrai qu'il contient en germe la doctrine des *Principes*.

Une tendance des plus fortes nous porte à croire à l'extériorité des objets des sens. Bien que cette croyance ne soit pas niée, elle doit être bien comprise. Elle n'est pas absolue ; elle n'est en définitive qu'une idée. D'où vient donc que nous la rapportons à quelque chose autre que nous ? Pourquoi pensons-nous de même à l'égard de l'étendue, du mouvement et de ce qu'on nomme généralement les qualités premières, car, pour ce qui est des qualités secondes, on reconnaît généralement qu'elles n'existent que dans notre esprit ? « Comment se fait-il que certaines idées soient ouvertement reconnues par tous comme existant seulement dans l'esprit et que d'autres soient généralement reconnues comme existant hors de l'esprit, et dans l'esprit seulement ?

Réponse. — Parce que, suivant leur degré de plaisir ou de douleur, les idées sont accompagnées de désir, d'effort et d'autres actions qui supposent la volition. Or, de l'aveu de tous, la volition existe dans l'esprit. » (¹)

Telle est la réponse que Berkeley fait à la question posée par lui-même. Si les qualités premières des corps sont jugées extérieures à notre esprit, c'est qu'elles sont moins affectives que les qualités secondes : chez elles la douleur et le plaisir n'existent qu'à l'état latent. Mais « on peut prouver que ces qualités dites premières n'existent pas dans la matière, de la même manière qu'on prouve que les qualités secondes n'y existent pas. » (²)

---

(1) *Cmpl. Book*, p. 39. — *Dialogues d'Hylas et de Philonous*, Dial. I.
(2) *Cmpl. Book*, p. 59.

Prenons par exemple, en premier lieu, l'idée de solidité. Que pouvons-nous entendre par cette idée, sinon une sensation de résistance au mouvement des membres du corps ? « Si quelqu'un demande ce qu'est la solidité, qu'il prenne une pierre entre les mains et il l'apprendra. » (¹)

Nous croyons également et en second lieu à l'existence de l'étendue en dehors de toute relation avec l'intelligence. « L'hypo-thèse d'une étendue séparée de toutes les autres qualités tangi-bles et visibles; le fait de la considérer comme une idée en elle-même a fait croire qu'elle existait hors de l'esprit » (²). Or une telle conception repose sur une idée abstraite : il est impossible de se représenter l'étendue sans couleur, largeur, ou autre qualité sensible. « L'étendue ou longueur sans largeur, ne paraît pas autre chose que le nombre de points qui se trou-vent entre deux points quelconques. Elle paraît consister en une simple proportion, une référence de l'esprit. » Dans une note marginale, Berkeley développe ainsi sa pensée : « L'éten-due sans largeur, non percevable, intangible, ne peut pas être conçue : c'est une erreur où nous conduit la doctrine des idées abstraites... (³) L'étendue est une sensation, c'est pourquoi elle n'est pas hors de l'esprit... (⁴) Je m'étonne qu'on ne puisse voir une vérité si évidente, à savoir que l'étendue ne peut exister sans une substance pensante. (⁵) » Ce n'est pas que l'étendue soit une propriété de l'esprit, mais elle ne peut en être séparée : au contraire, l'esprit peut être conçu indépendamment d'elle (⁶). En quelle mesure l'idée d'étendue peut-elle être dite extérieure à nous ? En ce qu'elle ne dépend pas de notre volonté (⁷), elle

---

(1) *Cmpl. Book*, p. 63; Locke cité par Berkeley. Voici le passage de l'*Essai* : « Si quelqu'un demande ce que c'est que la solidité, je le renverrai à ses sens pour s'en instruire : qu'il mette entre ses mains un caillou ou un ballon; qu'il tâche de joindre les mains et il connaîtra bientôt ce que c'est que la solidité. » *Essai*, L. II, ch. IV, § 6.

(2) *Cmpl. Book*, p. 88.

(3) *Ibid.*

(4) *Ibid.*, p. 59.

(5) *Ibid.*, p. 79.

(6) *Ibid.*

(7) *Ibid.*, p. 57.

ne fait point partie de ces idées que nous pouvons faire naître à
notre gré, elle s'impose à nous parce qu'elle appartient à une
série cohérente d'idées venues du dehors. Ailleurs Berkeley
ajoutera que ces séries d'idées cohérentes sont le langage parlé
par l'Auteur de la nature et le moyen qu'il a choisi pour se faire
connaître à l'esprit limité des hommes.

En quel sens peut-on dire que l'étendue appartient à l'esprit ?
En ce qu'elle ne peut être conçue que par l'esprit et dans
l'esprit. « Qu'un homme, les yeux fermés, se représente par
l'imagination, le soleil et le firmament, vous ne direz pas que
cet homme ou son esprit soit le soleil ou la chose étendue,
quoique ni le soleil, ni le firmament ne soient pas hors de son
esprit ([1]) ». Il semble donc qu'il n'y ait pas opposition, incom-
patibilité entre l'étendue et l'esprit, mais qu'elle soit au contraire
dépendante de l'esprit ([2]). Ainsi disparaît la dualité de la chose
pensante et de la chose étendue que les Cartésiens avaient voulu
établir. Il n'y a qu'une substance concevable : c'est l'esprit.
C'est à cette affirmation que revient la négation de la substance
étendue. Conclusion toute naturelle, car, d'une part, Berkeley
avait reconnu que l'étendue ne pouvait être conçue sans aucune
qualité sensible et, d'autre part, ces qualités sensibles ou
secondes, de l'aveu des philosophes eux-mêmes, n'existent que
dans l'intelligence.

Que restera-t-il de la matière dépouillée successivement de
ses qualités secondes, de solidité, d'étendue ? Certains attribuent
à la matière le pouvoir d'agir sur les organes par le mouvement.
Or ce que l'on appelle de ce nom n'est pas une idée simple : la
preuve en est qu'elle ne peut être conçue distincte de l'objet
auquel le mouvement est appliqué ([3]). Il nous serait impossible
de percevoir le mouvement, « s'il n'y avait pas diversité dans
les couleurs ([4]) ». Berkeley émet l'hypothèse de l'existence d'une
boule unique dans le monde ([5]). Dans ce cas, « elle ne pourrait

---

(1) *Cmpl. Book*, p. 58.
(2) *Ibid.*, p. 60.
(3) *Ibid.*, p. 12.
(4) *Ibid.*, p. 56.
(5) *Ibid.*, p. 57.

pas être mise en mouvement, il ne pourrait pas y avoir de variété d'aspect ». La perception du mouvement paraît donc dépendre de l'étendue colorée : elle n'est rien d'absolu, existant d'une existence indépendante de nous-mêmes. Conclusion : « Le mouvement est une idée abstraite, c'est-à-dire, il n'existe pas une telle idée capable d'être conçue par elle-même (¹) ». Ainsi le mouvement ne peut pas être immédiatement perçu (²); il constitue une relation entre plusieurs objets ; il n'existe pas en lui-même ; comme l'étendue elle-même, le mouvement en soi est une abstraction des philosophes. Toute cette théorie se trouve résumée dans la section 112 des *Principes*. « Il ne me semble pas qu'il puisse y avoir d'autre mouvement que le mouvement relatif, de telle manière que pour concevoir le mouvement, il faut concevoir au moins deux corps dont la distance ou la position réciproque varie. D'où il vient que s'il n'existait qu'un corps unique, il ne pourrait pas être mû. »

Un peu plus loin, Berkeley soutient la même idée, à savoir que « tout mouvement absolu, exclusif de toute relation extérieure, est incompréhensible ». Voilà comment l'idée du *Commonplace Book* est confirmée dans les *Principes*.

Où placerons-nous donc la source du mouvement puisqu'elle n'est pas dans la matière, puisqu'il n'est, à proprement parler, qu'une passion et que, dans ce phénomène, comme dans tous les autres, la matière reste inactive, impuissante ? Cette source ne peut se trouver que dans l'esprit, seul agent véritable, et capable d'imprimer le mouvement aux corps. N'est-ce pas l'idée dominante du *de Motu*?

« Lorsque je demande si A peut mouvoir B, si A est un être intelligent, je veux dire seulement que la volonté de A que B soit mû, est accompagnée du mouvement de B » (³). Le passage suivant résume en quelques lignes toute la théorie causale des *Principes* et du *de Motu*. « Nous devons soigneusement distinguer deux sortes de causes : les causes physiques et les causes

---

(1) *Cmpl. Book*, p. 56.
(2) *Ibid.*, p. 71.
(3) *Ibid.*, p. 13.

spirituelles. Les causes physiques peuvent être plus exactement appelées occasions. Nous pouvons pourtant, par simple déférence, continuer à les appeler causes, mais il est entendu que ces causes ne font rien (¹) ». Nous savons maintenant combien cette idée, reprise quinze ans plus tard, et longuement développée, a permis à Berkeley de démontrer l'inefficacité et l'impuissance de toutes les causes physiques et d'attribuer le pouvoir causal à la volonté seule. Il ne faut pas oublier que le point de départ de cette belle analyse de l'idée de force se trouve dans la critique de l'idée de mouvement, tel que Berkeley le conçoit dans son *Journal philosophique*.

Nous pouvons résumer en deux propositions essentielles toute la thèse du *de Motu*.

1° Il n'y a rien d'actif dans la matière, par suite rien qui puisse être regardé comme principe du mouvement. Quand nous avons extrait de l'idée de corps toutes les qualités sensibles : étendue, figure, impénétrabilité, etc., il ne reste plus rien. Si nous supposons l'existence d'un principe caché, source du mouvement, ne faisons-nous pas l'aveu de notre ignorance ? (²)

2° Tournons-nous donc vers la chose pensante, ou esprit.

En nous-mêmes nous trouvons le pouvoir de mettre les corps en mouvement. Nous avons le pouvoir de remuer nos membres, de nous-mêmes. Les corps n'ont pas le pouvoir moteur : ils sont passifs dans l'état de repos ou de mouvement, même dans leur résistance.

Action et réaction, attraction, choc, répulsion, sont des vocables utiles aux sciences mécaniques, mais aucune réalité ne leur correspond dans le monde sensible : ces phénomènes sont l'œuvre d'un agent incorporel (³). A l'esprit seul appartient le principe du mouvement ; ce fait s'appuie sur l'expérience et sur le témoignage des esprits les plus éclairés : Aristote parle d'un premier moteur immobile ; Platon, dans le *Timée*, suppose qu'un esprit invisible anime le monde. Descartes conçoit Dieu comme

(1) *Cmpl. Book*, p. 55. Berkeley dit ailleurs : « Nous ne pouvons concevoir de pouvoir actif que la volonté. » Cf. aussi plusieurs sections de la *Siris*.
(2) *De Motu*, sect. 22 – 24.
(3) *Ibid.*, sect. 25, 26, 27, 30.

le principe des mouvements naturels. Tous s'accordent à reconnaître que tous les corps de cet univers sont mûs par un esprit tout puissant suivant certaines lois fixes et uniformes (1). La cause véritable du mouvement est donc de nature métaphysique. Bien que les sciences mécaniques déterminent les lois suivant lesquelles les corps agissent les uns sur les autres, elles doivent laisser au philosophe le soin de remonter à l'origine de ces lois.

En résumé, le principe du mouvement n'est pas extérieur à l'esprit ; cette notion n'est pas plus absolue que celle d'étendue et que celle de solidité. Non seulement l'esprit est nécessaire pour concevoir ces qualités, mais d'autres idées telles que l'idée de temps, de substance, d'existence, n'ont pas plus de réalité en dehors de la perception, de l'intelligence. Il est impossible, en effet, de concevoir quoi que ce soit en dehors de l'esprit. « Le monde dépourvu de pensée est un *nec quid, nec quantum, nec quale*.... Quel spectacle étonnant que le monde dépourvu de toute intelligence (2) ! » De la réalité extérieure, quelle qu'elle puisse être, nous n'avons qu'une conception certaine : c'est celle qui vient de nos sens, de notre propre esprit. Il en est ainsi par exemple du concept de temps. Certains philosophes en font une idée abstraite, indépendante, absolue... Or il nous est impossible de nous représenter une telle idée. Quand nous examinons de près le contenu de cette notion, nous ne découvrons qu'une succession de nos propres idées ou sensations, succession que nous désignons par les termes d'avant ou d'après. « Le temps est la série des idées qui se succèdent l'une à l'autre... La succession est expliquée par les termes d'avant, entre, après, et par le calcul (3)... Le temps est une sensation : c'est pourquoi il n'existe que dans l'esprit (4). » Dans cette théorie, l'idée d'éternité est constituée par « une série d'idées innombrables. » (5)

---

(1) *De Motu*, sect. 32.
(2) *Cmpl. Book*, p. 59.
(3) *Ibid.*, p. 58,
(4) *Ibid.*, p. 59.
(5) *Ibid.*

L'auteur des *Principes* restera fidèle aux idées du *Common-placeBook*. Il se reconnaîtra incapable de former l'idée abstraite de temps.

« Chaque fois que je cherche à me représenter une idée simple du temps dont la succession des idées de mon esprit est exclue, d'un temps qui se déroule uniformément et auquel participent tous les êtres, je me perds dans des difficultés inextricables. » (¹) Dans une lettre à Johnson (²), reproduite par Fraser, Berkeley est encore plus explicite : « Je suis d'avis que la succession des idées (ou phénomènes), constitue le temps et n'en est pas simplement, comme le croient Locke et d'autres philosophes, la mesure sensible. »

Exister ou penser sont donc une seule et même chose : il n'y a point d'existence concevable sans pensée. Nous arrivons ainsi à la formule du principe dont la découverte remplissait d'orgueil le jeune étudiant de Trinity College et dont les conséquences lui paraissaient si heureuses et si importantes : « Etre, exister, c'est percevoir ou être perçu. » Il n'y a pas d'existence abstraite, absolue. Quand la chose existante perçoit, c'est un esprit : quand elle est perçue, c'est une idée. Mais la perception n'existe pas hors de la volition et la volition est le propre de l'esprit : par conséquent, l'esprit seul, ou la chose qui perçoit, existe. « Je ne sais pas ce qu'ils entendent par choses considérées en elles-mêmes : c'est un non-sens, un jargon (³)... L'existence consiste à percevoir ou à être perçu, (ou bien à vouloir, c'est-à-dire agir.) Il est impossible que rien existe que ce qui pense et ce qui est pensé. » (⁴)

Non seulement tout ce qui est perçu existe, mais, en un certain sens, tout ce qui est imaginé existe aussi. « Mais, direz-vous, une chimère existe-t-elle ? Je réponds : elle existe, en quelque sorte, si elle est imaginée (⁵). » L'idée d'existence, séparée de la perception, n'est qu'une forme vide, inconnue de la foule.

---

(1) *Principes*, sect, 98.
(2) *Ibid.*, p. 312, note de Fraser.
(3) *Cmpl. Book*, p. 53.
(4) *Ibid.*, p. 10.
(5) *Ibid.*, p. 15,

« Ce n'est pas le vulgaire, mais les scolastiques qui ont inventé le terme d'existence, supposé une idée générale abstraite (1)... Il y avait une odeur, c'est-à-dire on percevait une odeur. Nous voyons ainsi que le langage ordinaire confirme ma théorie. » (2)

Dans quelques endroits du *Journal*, Berkeley paraît admettre une sorte d'existence virtuelle. en faisant des corps tantôt une combinaison de pensées, tantôt une combinaison de forces pouvant faire naître ces pensées. « Considérés comme pouvoirs, les corps existent, quand ils ne sont pas perçus ; mais leur existence n'est pas actuelle. Quand je dis qu'un tel pouvoir existe, je ne veux pas dire autre chose que ceci : c'est que, si, pendant le jour, j'ouvre les yeux, et regarde de ce côté, je verrai cette chose, le corps (3). » Le lieu de ces pouvoirs paraît être Dieu lui-même, si l'on en juge par le passage suivant : « Les corps existent, même quand ils ne sont pas perçus, en puissance dans l'Etre actif (4). » Taine définira plus tard le corps : une possibilité permanente de sensations.

Il semble bien que ce pouvoir parfait simple, capable de produire les idées sensibles doive être identifié avec ce que Berkeley entendra plus tard par l'ordre sensible établi par Dieu, l'ensemble des lois fixes par lesquelles l'Auteur de la nature parle aux hommes, et révèle sans cesse son existence, ce qui, dans le système de Berkeley, constitue la partie positive de la théorie de la matière, ou de la réalité du monde extérieur, dont les pages précédentes ont surtout exposé la partie critique et négative. S'il faut, en effet, avouer que Berkeley s'est surtout proposé de détruire la croyance d'une substance matérielle, qu'il a mieux réussi à ruiner les entités métaphysiques telles que l'étendue, l'existence, le mouvement, qu'à établir l'existence d'un absolu nouveau, d'une réalité unique, l'esprit, il n'en a pas moins cherché à échapper au scepticisme, par plusieurs moyens. Après avoir tenté de démontrer que l'hypothèse de la matière est inutile,

---

(1) *Cmpl. Book*, p. 43.
(2) *Ibid.*, p. 28.
(3) *Ibid.*, p. 82.
(4) *Ibid,*, p. 80.

dangereuse et contradictoire, il a voulu fonder sur une base
solide notre croyance en la réalité des corps. Et cet effort est
visible dès le *Commonplace Book*. Sans doute Berkeley affirme que
« toutes nos sensations peuvent exister sans ces intermédiaires
(figures, mouvements, grandeurs variées) et nous ne pouvons
même concevoir comment ils seraient d'aucune façon capables de
les produire. (¹) » Ce quelque chose d'inconnu, support imagi-
naire des qualités sensibles, est inutile. « Montrez que le besoin
de cette substance se fait sentir et je vous accorderai qu'elle
existe (²). » Cette hypothèse est également dangereuse en ce
qu'elle ferait de l'étendue un « Etre éternel, immuable, infini,
incréé, à côté de Dieu. (³) » Elle est enfin contradictoire, car
l'étendue n'est qu'une idée et « elle ne peut exister dans une
chose dépourvue de pensée (⁴). » Malgré le grand nombre et la
vivacité des arguments dirigés contre l'hypothèse d'une substance matérielle inconnue et non percevable, arguments que
Philonous reprendra plus tard contre les objections d'Hylas,
Berkeley ne veut pas être accusé de « chasser la substance du
monde raisonnable. » Il prétend ne repousser que le « *nec quid,
nec quantum, nec quale*, ce qui n'a jamais existé, ne fut jamais
imaginé ou conçu (⁵) » Il raille l'idée émise par Locke, d'après
lequel « nous manquerions d'un sens spécial pour percevoir les
substances (⁶). » Comme si toute connaissance pouvait porter
sur autre chose que des idées !

Berkeley affirme qu'il est plus assuré que Locke de l'existence
des corps et prétend, aveu imprudent qu'il corrigera plus tard, en
avoir non seulement une connaissance sensible, mais une connaissance démonstrative. Or par ce dernier mot il entend « la
collection de pouvoirs *dans un substratum inconnu.* (⁷) » S'il
hésite parfois à se prononcer sur les essences réelles et les
essences verbales, les « entia rationis » et les « entia realia » que

---

(1) *Cmpl. Book*, p. 16.
(2) *Ibid.*, p. 33.
(3) *Ibid.*, p. 81.
(4) *Ibid.*, p. 82 et 83.
(5) *Ibid.*, p. 20.
(6) *Ibid.*, p. 44.
(7) *Ibid.*, p. 63.

tantôt il veut confondre (¹), tantôt distinguer (²), le plus souvent il soutient que seules les idées des sens sont réelles, aussi réelles que jamais.

S'il désigne par le terme « idée » ce qui auparavant était appelé « chose », cela n'enlève rien à la réalité. Ce n'est pas lui qui doit être appelé sceptique, bien au contraire. En voulant distinguer les idées des sens des choses en soi ou réelles, on paraît croire que les corps ne peuvent être complètement connus ; on est conduit au scepticisme, car on désespère de pouvoir jamais conformer les idées aux choses. Si on évite de séparer l'idée de la chose, au contraire, on suppose que notre connaissance sensible est adéquate, qu'il n'y a pas de différence entre l'objet et l'idée de cet objet (³). On évite ainsi de tomber dans l'erreur des Cartésiens, de Malebranche en particulier, qui « parle d'idées des sens venant de je ne sais quoi et semblables à je ne sais quoi. (⁴) » Il ne croit pas enfin que les sens nous trompent, comme ces philosophes. « Je suis certain de ce dont Malebranche paraît douter, de l'existence des corps. (⁵)

« Je suis pour la réalité plus que tous les autres philosophes. Ils ont mille doutes et ne sont certains que d'une chose, c'est que nous pouvons être trompés. J'affirme directement le contraire (⁶). Les idées des sens sont les choses réelles ou archétypes. Les idées de l'imagination, les rêves, etc , sont les copies, les images des premières (⁷) ». Que parle t-on de comparer les choses aux idées ? « Personne a-t-il jamais vu autre chose que ses idées ? »

---

(1) *Cmpl. Book*, p. 23. « Stérile est la distinction entre les essences réelles et les essences vertales ».

(2) *Ibid.*, p. 15. « Suivant une doctrine la distinction entre l'ens rationis et l'ens reale, est conservée ».

(3) *Ibid.*, p. 30.

(4) *Ibid.*, p. 51.

(5) *Ibid.*, p. 38 et 87. « Nos yeux et nos sens ne nous informent pas de l'existence de la matière » etc. Cf. aussi p. 50.

(6) *Ibid.*, p. 21,

(7) *Ibid.*, p. 52.

Il semble que Berkeley doive aboutir à un subjectivisme complet. Il n'en est rien cependant. Nous avons vu qu'il se défendait de chasser la substance du monde raisonnable. Il ne veut pas supprimer la moindre réalité. « Il y a une loi, dit-il, ou cours de la nature... D'après mes principes, il y a une réalité ; il y a des choses ; il y a une *rerum natura*... (¹) Les philosophes perdent leur matière abstraite ou non perçue. Les mathématiciens perdent leurs sensations insensibles. Les profanes perdent leur divinité étendue. Que perdent les autres hom-hommes, dites-le moi ? Quant aux corps, nous les conservons toujours. » (²)

Il suffit de parcourir les *Principes de la Connaissance* pour s'apercevoir, au premier abord, que toutes les idées que nous venons d'exposer s'y retrouvent mais plus coordonnées, et plus claires, principalement dans la première partie. On y verra : que l'existence est identifiée à la perception, ce qui est l'essence même du Principe ; qu'il n'y a pas des modèles ou originaux des choses dont nos idées ne seraient que des copies (sect. 7) ; qu'il ne peut y avoir d'étendue, ni de mouvement en général, parce que ces deux notions sont relatives (sect. 11) ; qu'une matière considérée comme substratum de l'étendue est inconnaissable par les sens ou le raisonnement ; que dans l'hypothèse de cette existence, il nous est impossible de définir de quelle manière le corps pourrait agir sur l'esprit (sect. 18 et 19) ; que l'existence absolue des choses non pensantes est contradictoire (sect. 23) ; que Berkeley ne supprime en rien la réalité des choses (sect. 34, 1ᵉ obj.) ; que le réel et l'intelligible se confondent, ou plutôt que ce qu'on entendait par réalité inconnue, n'existe pas ; que la distinction entre les choses et les idées a été une source de scepticisme (sect. 86, 87) ; que rien n'est plus certain que l'existence des idées.

---

(1) *Cmpl. Book*, p. 83 et 84.
(2) *Ibid..* p. 91.

En résumé, « les idées imprimées sur les sens sont les choses réelles, ou existent réellement ; c'est ce que nous ne nions
nullement ; ce que nous nions, c'est qu'elles puissent exister, indépendamment des esprits qui les perçoivent, ou qu'elles soient
semblables à des archétypes existant hors des esprits, puisque
l'existence d'une sensation ou d'une idée consiste à être perçue
et puisqu'une idée ne peut ressembler qu'à une idée. En outre,
les choses peuvent être dites externes par rapport à leur origine,
en ce qu'elles ne sont pas produites en dedans par l'esprit lui-
même, mais bien imprimées par un Esprit distinct de celui qui
perçoit... » (1)

Les physiciens ont beau prétendre que l'essence des choses
résiderait dans des qualités internes inconnues, que les sens
nous trompent, qu'il y aurait une cause naturelle cachée des
apparences sensibles : mouvement, attraction, gravitation universelle, ne sont que des mots.

Il n'y a qu'une cause efficiente véritable, l'esprit (sect. 99-106).
Nous ne croyons pas utile de poursuivre le rapprochement du
Commonplace Book avec les *Dialogues* : on retrouverait, sous
une forme différente, dans la réfutation méthodique des nom-
breuses objections d'Hylas, les mêmes idées que dans le
Principes.

2°. — L'Esprit

Si les choses proprement dites n'ont d'existence que par leur
relation avec notre esprit, (ou avec celui du Créateur), elles dépendent d'une cause spirituelle que l'on peut appeler esprit,
âme, mais que Berkeley désigne snrtout sous le nom de volonté.
« L'âme est la volonté à proprement parler et en tant que distincte des idées. » (2) C'est la force, la réalité cachée, manifes-
tée par les effets sensibles ou idées. Celles-ci, sont passives et

---

(1) *Principes*, sect. 89.
(2) *Cmpl. Book*, p. 16.

inertes: celle-là est essentiellement active. Il semble que Berkeley conçoive la volonté, cause des phénomènes, comme un
véritable absolu dont nous ne pouvons rien dire, sauf qu'elle se
révèle continuellement par les idées. (1) S'il ne se résout pas à lui
appliquer le nom d'« acte pur » (2) qu'il trouve trop scolastique, il
affirme que c'est la chose qui veut, agit, opère, pense. « L'esprit,
la chose active, ce qui est l'âme et Dieu, c'est la volonté seule.
Les idées sont des effets, des choses impuissantes. » (3)

Il n'y a pas dans la nature de causes véritables, mais des
signes, des occasions, des co-existences de faits.

« Il est puéril de la part des physiciens de rechercher la cause
des attractions magnétiques. Leur recherche ne porte que sur
des idées existantes. » (4)

Cette pensée exprimée au début du *Journal* pourrait servir
d'épigraphe au de *Motu*. Nous l'avons notée précédemment dans
l'analyse de l'idée de mouvement.

Berkeley revient plusieurs fois sur cette idée. Il distingue
soigneusement les causes physiques et les causes spirituelles, (5)
attribuant à ces dernières seules l'efficacité véritable. Toute
activité est refusée à la matière, accordée à l'esprit. « J'affirme
qu'il n'y a pas, à proprement parler, d'autres causes que des
causes spirituelles, rien d'actif en dehors de l'esprit. » (6) Ce
pouvoir actif, il l'appelle volonté. (7) Berkeley a hésité entre
cette doctrine et le phénoménisme pur auquel aboutira la critique de Hume. Le passage du *Commonplace Book* où cette
tendance curieuse apparaît est d'ailleurs isolé. Le voici:
« Consultez, fouillez le jugement, qu'y trouverez-vous, sauf
quelques perceptions ou idées ? Qu'entendez-vous par le mot
esprit ? Vous entendez soit une chose que vous percevez, soit

---

(1) *Cmpl. Book*, p. 49.

(2) *Ibid.*, p. 56.

(3) *Ibid.*, p. 55.

(4) *Ibid.*, p. 7. Cette pensée exprimée au début du *Journal* pourrait
servir d'épigraphe au de *Motu*. Nous l'avons notée précédemment dans
l'analyse de l'idée de mouvement.

(5) *Ibid.*, p. 55.

(6) *Ibid.*, p. 55.

(7) *Ibid.*, p. 67 et 69.

une chose que vous ne percevez pas. *Une chose non perçue est contradictoire. Nous sommes en cette matière, étrangement trompés par des mots. L'esprit est un amas de perceptions. Supprimez les perceptions et vous supprimez l'esprit. Établissez les perceptions et vous établissez l'esprit.* » ([1]) Il est bon d'observer que cette pensée se trouve dans la première partie du *Journal.* Elle disparaîtra dans la seconde où ses théories prennent plus de précision, où il oppose sans cesse la volonté aux idées. Là, il critique Hobbes « qui ne distingue pas la volonté des idées, » qui ne « tient aucun compte des choses qui ne sont pas des idées. » ([2]) Or, au nombre de ces choses, se trouve la volonté proprement dite, ou principe agissant. Et Berkeley refuse de se moquer de cette expression des scolastiques : la volonté veut.

Un peu plus loin ([3]) il écrira : « l'esprit, ou l'intelligence, n'est ni une volition, ni une idée. »

Berkeley trouve «dangereux de faire de l'idée et de la chose des termes convertibles, ce qui serait le moyen de prouver que les esprits ne sont rien » ([4]). Il s'arrête à la conception d'un esprit composé « d'existence, de vouloir et de perception au sens large du mot. » ([5])

Quelle idée pouvons-nous avoir de la volonté ? Selon Berkeley dont la pensée n'est pas ici très claire, nous ne pouvons pas connaître cette force spirituelle, parce que nous ne connaissons que des idées : or, la volonté est par essence distincte des idées. Il n'y a pas, il ne peut y avoir d'idée sensible de l'âme.

« Nous ne sommes pas capables de percevoir, contempler, la volonté, comme toute autre de nos idées, parce qu'en réalité ce n'est pas une idée, et il n'en existe aucune idée. » ([6])

Non seulement nous ne pouvons pas connaître la nature de la volonté, mais cela serait contradictoire, car « une idée ne peut

---

(1) *Cmpl. Book*, p. 27.

(2) *Ibid.*, p. 50,

(3) *Ibid.*, p. 55.

(4) *Ibid.*, p. 57.

(5) *Ibid.*, p. 69.

(6) *Ibid.*, p. 33.

ressembler qu'à une idée. » Pourquoi ne pouvons-nous pas connaître « ce substratum inconnu des volitions ([1]) ? » Parce qu'il est « acte pur » et parce qu' « aucune perception, (c'est-à-dire aucune idée), ne peut être l'image ou la ressemblance de ce qui est entièrement actif, nullement passif, c'est-à-dire la volonté. » ([2]) Nous savons combien Berkeley a insisté sur ce point : la passivité des idées, par suite l'inactivité, l'impuissance de la matière. Sa théorie de l'esprit est la contre partie de sa théorie du monde sensible. En résumé la source des idées est inconnue et inconnaissable ; « la volition ou volonté n'est pas imaginable » dans sa nature propre : son existence nous est révélée grâce aux effets sensibles qu'elle produit. ([3])

La volonté a sa raison en elle-même : il est inutile de chercher un autre principe d'où elle dérive. C'est à tort que Locke voudrait la faire naître du malaise : ce mobile, ou tout autre, n'est qu'une idée, or « toute idée est impuissante et ne peut pas déterminer la volonté. » ([4])

D'ailleurs, pourquoi ne supposerions-nous pas que c'est le plaisir qui « détermine, précède et constitue l'essence de la volition ([5]) » plutôt que le malaise ? Enfin, « de ce que Dieu et les esprits bienheureux ont une volonté », ne tire-t-on pas un argument contre Locke ? Comment concevoir en effet que « la volonté divine ne puisse s'exercer sans malaise préalable ? » ([6])

La pensée de Berkeley est incertaine, en ce qui concerne les rapports de la volonté et de l'entendement. Il semble qu'il assimile l'un à l'autre : la pensée, source des idées, n'est qu'un des aspects sous lesquels la volonté se manifeste, car, pour Berkeley, la volonté est pénétrée d'intelligence et « un agent aveugle est une contradiction. » ([7])

« Il ne faut pas, dit-il, que je donne le jugement comme une faculté ou partie de l'intelligence. Il faut que je comprenne le

---

(1) *Cmpl. Book*, p. 37.
(2) *Ibid.*, p. 41.
(3) *Ibid.*, p. 49.
(4) *Ibid.*, p. 34.
(5) *Ibid.*, p. 32.
(6) *Ibid.*, p. 31.
(7) *Ibid.*, p. 54.

jugement et la volonté dans le terme « esprit » par lequel j'entends tout ce qui est actif... Ne pas dire que le jugement ne diffère pas des idées particulières, ou que la volonté ne diffère pas des volitions particulières. » Dans un paragraphe précédent, Berkeley est encore plus explicite. « La pensée elle-même, ou l'action de penser, n'est pas une idée, c'est un acte, c'est-à-dire une volition, c'est-à-dire encore, en tant qu'elle s'oppose aux effets, la volonté. » [1]

« Il ne faut pas abstraire le jugement de la volonté : l'un et l'autre ne sont pas différents de l'esprit par lequel nos facultés sont actives. » [2]

Si, d'une part, « le jugement est en quelque sorte un acte, » [3] et si la volonté est essentiellement la chose active, ces deux pouvoirs de l'esprit se complètent. « Il semble que la volonté et l'entendement, les volitions et les idées, ne peuvent être séparés et que l'une ne puisse exister sans l'autre » [4]. En résumé, l'esprit, volonté et intelligence, nous est rendu sensible par les volitions et les idées — et ces deux principaux pouvoirs de l'esprit ne sont pas séparés l'un de l'autre, car la volonté est dirigée par l'intelligence, et le jugement peut, de son côté, être considéré comme la pensée en action.

Bien que l'empirisme et le mépris des idées abstraites dominent dans le *Commonplace Book* nous y pressentons déjà dans quelques passages le rôle des formes intellectuelles ou ' notions ' introduites plus tard dans les *Principes*. En effet, avant d'avoir déclaré qu'il ne « comprend pas ce qu'est l'entendement pur » [5], que nous « n'avons pas d'idée des opérations de l'esprit » [6], ce qui est évident, si l'on entend par idée une image sensible des états ou actes intellectuels, Berkeley s'était déjà demandé s'il

---

(1) *Cmpl Book*, p. 51.
(2) *Ibid.*, p. 57.
(3) *Ibid.*, p. 52.
(4) *Ibid.*, p. 54.
(5) *Ibid.*, p. 51.
(6) *Ibid.*, p. 71.

n'était pas « préférable de ne pas désigner par le terme d'*idée*
les opérations de l'intelligence, et de réserver ce même terme
aux choses sensibles » (¹). Cette opposition des idées et des
notions indiquée dans le *Journal* est établie dans la section 142
des *Principes*. « Nous ne pouvons pas dire, à strictement parler,
que nous ayons une idée d'un être actif ou d'un acte, quoique
nous puissions dire que nous en avons une notion » (²). En ce
qui concerne la théorie de la volonté que nous venons d'esquis-
ser d'après les données du *Journal*, on la trouvera tout entière
dans les *Principes*. On y verra clairement que toute activité est
attribuée à l'esprit, seul agent véritable caché sous les apparences mécaniques et sensibles, que l'attention, la gravitation,
sont improprement appelées des causes par les physiciens, et
qu'en dernière analyse, la volonté divine produit tout et dirige
tout, selon des lois que nous pouvons connaître mais non
démontrer, car elles n'ont rien de nécessaire (³). Cette idée de
contingence des lois naturelles, principe fondamental de l'idéalisme de Berkeley, est déjà exprimée à deux reprises dans le *Journal*
de Trinity College où la nature est considérée comme « l'ordre
des choses établi par la libre volonté de Dieu » (⁴) et où, repous-
sant toute idée de connexion nécessaire entre les phénomènes,
Berkeley déclare que « tout résulte de la liberté, tout est volontaire » (⁵). On retrouvera également dans les *Principes* cette
idée que la volonté est une force échappant à la perception et
d'une nature entièrement distincte des idées variables dépen-
dantes, sans existence propre en dehors de l'esprit. (⁶) De même
enfin que cette force, l'âme, « prise pour la volonté, » apparaît
dans le *Commonplace Book*, «comme incorruptible, immortelle» (⁷)
de même, son caractère « indivisible, incorporel, inétendu, et,

---

(1) *Cmpl. Book,* p. 17.
(2) Cf. aussi sect. 89, *Principes* (2ᵉ éd.).
(3) *Principes,* sect. 105, 106, 107.
(4) *Cmpl. Book,* p. 49.
(5) *Ibid.,* p. 58.
(6) *Princ.,* sect. 135 et suiv.
(7) *Cmpl. Book.,* p. 51.

par suite, incorruptible » (¹) qui lui est reconnu dans les *Principes*, la protège contre les changements ou dissolutions auxquels les autres corps sont soumis.

Notre âme n'est pas entièrement dépendante de Dieu, elle a un pouvoir limité, mais propre : nos mouvements ne sont donc pas réglés par la toute-puissance divine. « Nous mouvons nous même nos jambes, c'est nous qui voulons leur mouvement. En cela je m'éloigne de Malebranche. » (²) Mais si la puissance de l'Esprit Suprême se limite d'elle-même à l'égard des êtres créés, elle est absolue dans le monde sensible que dirige sa volonté.

Y a-t-il d'autres volontés en plus de la volonté divine et de la mienne ? Berkeley ne paraît pas encore avoir cherché à sortir du subjectisme radical où sa doctrine le conduit, en ce qui concerne les autres esprits. Comment croire à l'existence d'autres esprits finis comme le mien, puisque je ne connais que des idées ? Par quel moyen pourrai-je passer de la connaissance de mon moi à celle d'autres « moi » semblables ? Nous savons comment Berkeley a résolu la difficulté dans les *Principes*. (³) Il ne l'a pas abordée dans le *Commonplace Book*. Il est plus explicite sur le passage de l'existence du moi à l'existence de Dieu considéré comme le grand ordonnateur des phénomènes du monde sensible.

Non que sa pensée, à cet égard, soit exempte de tâtonnements, car il hésite sur la nature de ces pouvoirs capables de faire naître des pensées, que nous appelons des corps, sur le degré d'indépendance de ces collections de forces, vis-à-vis de la perception. Tantôt il affirme l'existence de ces pouvoirs, existence toute virtuelle (⁴), tantôt il se décide à « ne pas faire mention de ces combinaisons de pouvoirs » et à déclarer que « les choses, les effets même, existent réellement, même quand ils ne sont pas actuellement perçus, mais toujours par rapport à la perception. » (⁵)

_____

(1) *Princ.*, sect. 141.
(2) *Cmpl. Book*, p. 24.
(3) Sect. 145. « Nous ne pouvons connaître l'existence d'autres esprits que par leurs opérations ou par les idées qu'ils font naître en nous, » etc.
(4) *Cmpl Book*, p. 80.
(5) *Ibid.*, p. 50.

Il ne peut être question ici que de la perception d'autres esprits ou de la mienne. Ces idées venues du dehors sont celles dont la fixité, la coordination, garantissent l'existence, mais dans un autre esprit plus puissant que l'esprit des hommes. Car « nous ne sommes pas la cause de ces idées . C'est pourquoi il y a quelque autre Cause qui les produit ; il y a un Etre qui veut ces perceptions en nous. (¹) » Notre volonté n'est pour rien dans les changements que nous percevons autour de nous et que notre perception nous fait connaître en les réalisant pour nous : « Ces idées sont indépendantes de la volonté humaine, dira l'auteur des *Principes*, donc un autre Esprit doit les produire. (²) »

Or ces phénomènes suivent un cours régulier que nous appelons le cours de la nature : « Cette régularité, cet enchaînement des choses naturelles » sont l'œuvre de l' « Esprit éternel, infiniment bon, sage et parfait (³). » Nous voyons Dieu à travers la nature ; « il n'en est pas loin de nous (⁴).. La cause de tous les phénomènes naturels est en Dieu seul. Il est inutile de rechercher des causes secondes. »(⁵)

Cette pensée, au début du *Commonplace Book*, inspire toute l'œuvre de Berkeley. C'est aux causes secondes, d'ailleurs improprement appelées causes, que certains philosophes, que les savants, s'arrêtent, dans leur aveuglement. Mais leur science n'interprète que des signes (⁶), des idées co-existantes : la vraie cause, l'esprit, demeure cachée derrière la série visible des effets.

Cet Esprit suprême qui a le pouvoir d'annihiler les esprits finis et le monde, le connaissons-nous autrement que par son œuvre ?

---

(1) *Cmpl. Book*, p. 18.

(2) *Princ.*, sect. 146.

(3) *Ibid.*

(4) *Ibid.*, sect. 150.

(5) *Cmpl. Book*, p. 10. V. aussi p. 17. « Pas de partage entre Dieu et la nature (ou causes secondes), dans mon système. »

(6) *Ibid.*, p. 84.

Sans doute, nous avons à lutter contre « la pauvreté du langage, » autant peut-être que contre « l'obscurité et la confusion des pensées. (1) » Sans doute, « il est absurde de prouver l'existence de Dieu par son idée, » car « nous n'avons pas l'idée de Dieu, c'est impossible. (2) » Mais nous pouvons légitimement inférer l'existence de Dieu de l'existence du monde. « Chacune de mes sensations qui résulte des lois naturelles connues, de la nature et qui vient du dehors, c'est-à-dire qui est indépendante de ma volonté, démontre l'existence d'un Dieu inétendu, incorporel, omniprésent, omnipotent, etc. (3) » Nous ne pouvons supposer en lui que l'existence de quelques attributs. Nous n'avons pas le droit de faire de Lui un être étendu (4), comme Hobbes et Spinoza, de le considérer comme un agent aveugle, car « agent aveugle est une contradiction (5), » nous venons de le dire plus haut.

Il nous est permis de croire que Dieu connaît toutes les idées, même l'idée de douleur (6). « Entre un homme et un ver de terre, il existe une grande différence ; on peut supposer, entre l'homme et Dieu, une différence semblable, une différence infiniment plus grande. » (7)

C'est par cette image naïve que Berkeley essaie de nous faire comprendre la grandeur des attributs divins.

On trouvera peut-être dépourvues d'originalité ces notes sur Dieu ; mais l'intérêt que présente cette conception dans le système de Berkeley réside surtout dans son rapport avec la causalité naturelle et la contingence du monde sensible. Nous venons de retrouver les traces de cette relation dans le *Journal* de jeunesse. Il nous reste à examiner l'idée de Dieu considéré comme le principe fondamental de la morale. (8)

---

(1) *Commonplace Book*, p. 71.
(2) *Ibid.*, p. 48.
(3) *Ibid.*, p. 54.
(4) *Ibid.*, p. 52.
(5) *Ibid.*, p. 51.
(6) *Ibid.*, p. 37. Cf. *Dialogues d'Hylas et de Philonous*, (3°).
(7) *Ibid.*, p. 33.
(8) *Ibid.*, p. 19.

CHAPITRE III

L'ACTION MORALE

Le **Commonplace Book, Discours sur l'Obéissance passive**, le **Guardian** et l'**Alciphron**

I. — Locke et Berkeley

Il y a des réflexions morales dans le *Commonplace Book*, mais un grand nombre de ces notes ont peu d'intérêt : il ne s'agit, dans la plupart, que de morale théorique, de questions de méthode déjà posées par Locke. Il est bon toutefois, de recueillir ces germes de l'éthique de Berkeley, car ils se développeront plus tard dans plusieurs traités distincts, en premier lieu, dans le *Discours sur l'Obéissance passive*, puis dans l'*Alciphron*, l'exposé le plus complet des idées morales et religieuses de l'auteur.

D'ailleurs, on commettrait une lourde faute en négligeant le point de vue moral du *Commonplace Book*, si l'on se rappelle que la pratique morale, la religion, sont le but suprême, poursuivi par Berkeley, que toutes les productions depuis les *Principes* jusqu'à la *Siris* sont subordonnées à la défense des croyances religieuses. Pour Berkeley, la philosophie conduit à la religion, la confirme, l'explique souvent, ou la justifie. Berkeley est éminemment utilitaire dans le *Discours sur l'Obéissance passive*, autant que dans l'*Alciphron*. Cette tendance est visible dès le *Journal* de jeunesse dont elle inspire la dernière pensée :

« Toute l'œuvre tournée vers la pratique et la moralité, comme
cela ressort premièrement de ce que je rends manifeste le voisinage et l'omniprésence de Dieu, deuxièmement de ce que je
retranche le travail scientifique inutile (¹). » Tel est le ressort
caché de l'inspiration philosophique de Berkeley et le point de
vue utilitaire auquel il subordonne ainsi tout son système, est
celui auquel il se place pour écrire la *Théorie de la Vision*, les
Principes et les *Dialogues* : son but est d'éclairer d'abord les
esprits, avant de leur demander de croire.

Quelles sont donc les idées morales émises dans le *Commonplace Book ?* Peut-on en tirer une théorie complète, un système?
D'après ce que nous venons de dire, d'après ce que nous connaissons de la jeunesse de Berkeley, ce n'est pas vers la morale
qu'il tourne provisoirement ses investigations. Il ne faut donc
s'attendre qu'à des fragments jetés entre ses nombreux paragraphes touchant les mathématiques, l'optique ou la philosophie
générale. C'est Locke qui fournit la matière de la discussion
sur la meilleure méthode à employer en morale, sur les origines
de l'activité, les rapports de la volonté et du malaise, sur la
possibilité de démontrer les vérités morales avec autant d'évidence que les vérités mathématiques. On sait que l'auteur de
l'*Essai sur l'Entendement* (²) fait dériver la volonté du malaise
(*uneasiness*). « L'inquiétude qu'un homme ressent en lui-même
pour l'absence d'une chose qui lui donnerait du plaisir, si elle
était présente, c'est ce qu'on nomme désir qui est plus ou moins
grand, selon que cette inquiétude est plus ou moins ardente... (⁴)

« Le motif qui incite à changer, c'est toujours quelque inquiétude... C'est le grand motif qui agit sur l'esprit pour le porter
à quelque action (⁴).... Je suis porté à croire que ce qui détermine la volonté à agir, ce n'est pas le plus grand bien, comme

---

(1) *Compl. Book*, p. 92.

(2) *Essai philosophique sur l'Entendement humain*, traduit par **Coste**,
an VII, 4 vol.

Locke's *Philosophical Works*, with a preliminary essay and notes, by
J. A. S. John, 1875, 2 vol. George Bell and Sons.

(3) *Essai*, Livre II, ch. XX, sect. 6.

(4) *Ibid.*, ch. XXI, s. 29.

on le suppose ordinairement, mais plutôt quelque inquiétude actuelle, et, pour l'ordinaire, celle qui est la plus pressante. » (¹)

« L'inquiétude causée par le désir est ce qui détermine la volonté,... c'est l'inquiétude du désir, fixé sur quelque bien absent, quel qu'il soit, ou négatif, comme la privation de la douleur à l'égard d'une personne qui en est actuellement atteinte, ou positif, comme la jouissance d'un plaisir. » (²)

C'est donc le malaise, ou inquiétude qui nous détermine à agir. Mais ce malaise d'où dérive-t-il lui-même ? Du désir non satisfait. Tous les hommes recherchent le bonheur, c'est une règle universelle, et, pour atteindre ce but, ils écartent la douleur, appellent le plaisir.

« La plus grande inquiétude présente, est ce qui nous pousse à agir, c'est l'aiguillon qu'on sent constamment et qui, pour l'ordinaire, détermine la volonté au choix de l'action immédiatement suivante (³).... Si l'on demande, outre cela, ce que c'est qui excite le désir, je réponds que c'est le bonheur, et rien autre chose (⁴)... Or le bonheur, pris dans toute son acception, est le plus grand plaisir dont nous soyons capables, comme la misère, considérée dans la même étendue, est la plus grande douleur que nous puissions ressentir. » (⁵)

Dans cette recherche du bonheur, les hommes ne s'accordent guère et chacun emploie des moyens différents : c'est pour cela que le bien et le mal consistent en « idées de comparaison (⁶). »

« Tout bien n'émeut pas nécessairement le désir de chaque homme en particulier, mais chacun désire le bien qu'il regarde comme faisant partie nécessaire de son bonheur (⁷). » C'est pour cela que nous ne nous déterminons pas toujours par le plus grand bien à venir, mais que nous lui préférons, par exemple, un bien

---

(1) *Essai*, s. 32.

(2) *Ibid.*, s. 33.

(3) *Ibid.*, s. 40.

(4) *Ibid.*, s. 41.

5) *Ibid.*, Ch. XXI, sect. 42 ; Cf. aussi ch. XX, s. 2 ; définition du bien et du mal.

(6) *Ibid.*, s. 42.

(7) *Ibid.*

moindre, mais présent ; c'est aussi pour ce motif que certains plaisirs nous laissent indifférents. Chacun de nous a son arithmétique des plaisirs auxquels nous appliquons des coefficients variables. « Un bien absent, auquel nous pensons, que nous reconnaissons pour un vrai bien, et qui nous paraît tel actuellement, mais dont l'absence ne fait pas partie de notre misère, s'éloigne insensiblement de notre esprit pour faire place au soin d'écarter les inquiétudes actuelles que nous sentons, jusqu'à ce que venant à contempler de nouveau ce bien comme il le mérite, cette contemplation l'ait pour ainsi dire, approché plus près de notre esprit, nous en ait donné quelque goût et nous ait inspiré quelque désir, qui, commençant dès lors à faire partie de notre présente inquiétude, se trouve comme de niveau avec nos autres désirs.... » (¹)

En résumé, notre activité dérive du malaise ; elle est dirigée vers le bonheur ; elle recherche le plaisir pour atteindre cette fin dernière. Mais notre volonté est-elle libre dans la poursuite de sa fin propre ? N'est-elle pas déterminée par une subordination constante au plaisir, à l'entendement ? Avant de répondre, demandons-nous, ce que c'est que la volonté. « Cette puissance que notre esprit a de disposer ainsi de la présence ou de l'absence d'une idée particulière, ou de préférer le mouvement de quelque partie du corps au repos de cette même partie, ou de faire le contraire, c'est ce que nous appelons volonté (²). »

Quelles sont les relations de cette faculté avec l'entendement ? Faut-il considérer la volonté comme « cette faculté supérieure de l'âme qui règle et ordonne toutes choses (³) ? » Non, car ce serait regarder les facultés « comme autant d'agents qui existent distinctement en nous, qui ont différentes fonctions, différents pouvoirs, qui commandent, obéissent et exécutent diverses choses, comme autant d'êtres distincts : ce qui a produit quantité de vaines disputes, de discours obscurs et pleins d'incertitude sur les questions qui se rapportent à ces différents pouvoirs de l'âme. » (⁴)

---

(1) *Essai*, s. 45.
(2) *Ibid.*, ch. XXI, s. 5.
(3) *Ibid.*, s. 6.
(4) *Ibid.*

En réalité, la volonté est une puissance, l'entendement est une autre puissance, au service d'un agent. C'est mal poser la question que de se demander « si la volonté est libre ; car c'est parler d'une manière fort impropre » ; mais il faut se demander « si l'homme est libre. »

En effet, la volonté est toujours soumise à quelque détermination de l'entendement ou de la sensibilité : la volonté n'est pas , ne peut pas être libre. «La liberté n'est pas une idée qui appartienne à la volition ou à la préférence que notre esprit donne à une action plutôt qu'à une autre, mais à la personne qui a la puissance d'agir, ou de s'empêcher d'agir, selon que son esprit se déterminera à l'un ou à l'autre de ces deux partis. »[1]

« Je crois que quiconque voudra examiner la chose avec soin, verra tout aussi clairement, que la liberté qui n'est qu'une puissance. appartient uniquement à des agents, et ne saurait être un attribut ou une modification de la volonté, qui n'est elle même rien autre chose qu'une puissance. » [2]

Mais de ce que l'activité volontaire est dirigée par l'entendement, soumise au désir, il ne résulte pas que l'homme n'est pas libre, bien au contraire, la liberté n'est pas concevable en dehors de l'intelligence. « Si nous étions déterminés par autre chose que le dernier résultat de notre esprit, en vertu du jugement que nous avons fait du bien ou du mal attaché à une certaine action, nous ne serions point libres. Comme le vrai but de notre liberté est que nous puissions obtenir le bien que nous choisissons, chaque homme est par cela même dans la nécessité, en vertu de sa propre constitution, et en qualité d'être intelligent, de se déterminer à vouloir ce que ses propres pensées et son jugement lui représentent pour lors comme la meilleure chose qu'il puisse faire, sans quoi il serait soumis à la détermination de quelque autre que lui-même, et par conséquent privé de liberté. » [3]

De même la constante détermination de l'homme vers le bonheur, but universellement poursuivi, ne diminue pas la

---

(1) *Essai*, L. II, ch. XXI, s. 10.

(2) *Ibid.*, s. 14.

(3) *Ibid.*, L. II, ch. XXI, s. 48,

liberté. « Si la liberté consiste à secouer le joug de la raison, et
à n'être point soumis à la nécessité d'examiner et de juger, par
où nous sommes empêchés de choisir ou de faire ce qui est le
pire ; si c'est là, dis-je, la véritable liberté, les fous et les insen-
sés seront les seuls libres..... Personne, je pense, ne regarde
le désir constant d'être heureux, et la nécessité qui nous est
imposée d'agir en vue du bonheur, comme une diminution de sa
liberté, ou du moins comme une diminution dont il s'avise de se
plaindre. Dieu lui-même est soumis à la nécessité d'être heureux
et plus un être intelligent est dans une telle nécessité, plus il
approche d'une perfection et d'une félicité infinie. » (¹)

Telles sont les principales idées morales analysées par Locke
dans son chapitre « de la Puissance, » dans le livre II de
l'*Essai sur l'Entendement.* Nous en trouverons la trace dans le
Journal de Berkeley qui adopte également les idées et la méthode
de son prédécesseur. Locke est d'avis que la morale est capable
de démonstration aussi bien que les mathématiques (²), que,
par conséquent, dans cette science, les définitions claires et distinctes, la limitation du sens des mots, sont indispensables,
« puisque la définition est le seul moyen qu'on ait de faire connaître le sens précis des termes de la morale. » (³)

« C'est pourquoi la négligence ou la malice des hommes est
inexcusable, si les discours de morale ne sont pas plus clairs
que ceux de physique, puisque les discours de morale roulent
sur des idées qu'on a dans l'esprit et dont aucune n'est ni fausse,
ni disproportionnée, par la raison qu'elles ne se rapportent pas à
des êtres extérieurs comme à des archétypes auxquels elles
doivent se conformer. » (⁴)

Plus loin, Locke est encore plus explicite. « Je crois du
moins que les idées qui regardent la quantité ne sont pas les
seules capables de démonstration, mais qu'il y en a d'autres qui
sont peut-être la plus importante partie de nos contemplations,
d'où l'on pourrait déduire des conséquences certaines, si les

---

(1) *Essai*, s. 50.
(2) *Ibid.*, L. III, ch. XI, s. 16.
(3) *Ibid.*, s. 17.
(4) *Ibid.*, L. III, ch. XI, s. 17.

vices, les passions et des intérêts dominants, ne s'opposaient directement à l'exécution d'une telle entreprise. » (¹)

« L'idée d'un Etre suprême, infini en puissance, en bonté et en sagesse, qui nous a faits et de qui nous dépendons, et l'idée de nous-mêmes, comme des créatures intelligentes et raisonnables, ces deux idées, dis-je, étant une fois clairement dans notre esprit, en sorte que nous les considérions comme il faut pour en déduire les conséquences qui en découlent naturellement, nous fourniraient, à mon avis, de tels fondements de nos devoirs et de telles règles de conduite, que nous pourrions, par leur moyen, élever la morale au rang des sciences capables de démonstration.

« Et, à ce propos, je ne ferai pas de difficulté de dire que je ne doute nullement qu'on ne puisse déduire de propositions évidentes par elles-mêmes les véritables mesures du juste et de l'injuste, par des conséquences nécessaires, et aussi incontestables que celles qu'on emploie dans les mathématiques, si l'on veut s'appliquer à ces discussions de morale avec la même indifférence et avec autant d'attention qu'on s'attache à suivre des raisonnements mathématiques.

« On peut apercevoir certainement les rapports des autres modes aussi bien que ceux du nombre et de l'étendue ; et je ne saurais voir pourquoi ils ne seraient pas aussi capables de démonstration, si on songeait à se faire de bonnes méthodes, pour examiner pied à pied leur convenance ou leur disconvenance. » (²)

Nous venons d'exposer les idées essentielles qui constituent l'éthique de Locke dans l'*Essai sur l'Entendement humain*. Elles servent de point de départ à Berkeley pour ses spéculations de jeunesse : tour à tour il les adopte, les discute ou les combat. D'accord avec son maître en ce qui touche la méthode en morale, la nature du souverain bien, il ne l'est plus sur l'origine de l'activité volontaire que Locke fait dériver du malaise : sur ce point

_____

(1) *Essai*, L. IV, ch. III, s. 18.
(2) *Ibid.*

il se sépare de son illustre prédécesseur. Ses arguments sont d'ordre psychologique ou théologique. Il refuse de reconnaître que le malaise précède chaque volition, « car ce malaise peut exister sans volition... ([1]) ; parce qu'il pourrait y avoir malaise, très grand malaise sans volition ([2]) : cela est évident par expérience ([3]) » ; parce que, « suivant Locke, nous devons être dans un malaise perpétuel pendant notre vie, sauf pendant le sommeil. » ([4])

Enfin, « de ce que Dieu et les esprits bienheureux ont une volonté, nous tirons un argument manifeste contre Locke, d'après lequel la volonté ne peut être conçue, mise en mouvement, sans malaise préalable. » ([5])

Berkeley va jusqu'à soutenir la thèse contraire lorsqu'il se demande si « le plaisir, plutôt que le malaise, ne détermine pas, et ne constitue pas l'essence de la volition. » ([6])

Quel est donc le motif pour lequel Berkeley refuse d'accepter cette théorie du malaise ? C'est que le malaise n'est qu'une " idée " et que la volonté s'oppose aux idées, étant elle-même la source des idées, comme nous l'avons vu plus haut ([7]). La volonté est, pour cette raison, inconcevable; elle est un fait dernier au-delà duquel nous ne pouvons remonter. C'est du moins la conception causale de Berkeley, au début de sa carrière. Il la modifiera plus tard. Il essaiera d'abord de se former une " notion " de cette force inconnue. Vers la fin, il développera de plus en plus le côté rationnel du concept, surtout dans la *Siris*.

En ce moment il hésite entre entre deux théories : 1º la volonté est inconnaissable, d'où difficulté des démonstrations en morale, puisque la pratique de cette science réside dans la volition ; ([8])

---

(1) *Cmpl. Book*, p. 31.
(2) *Ibid.*, p. 32.
(3) *Ibid.*
(4) *Ibid.*, p. 56.
(5) *Ibid.*, p. 31.
(6) *Ibid.*, p. 32.
(7) *Ibid.*, p. 33 et suiv. — Analyse de la volonté.
(8) *Idid.*, p. 36.

2º « la morale peut être démontrée comme les mathématiques mélangées » (¹). C'est vers cette deuxième manière de voir qu'il incline, car nous ne pouvons avoir aucune idée des actes moraux, mais nous pouvons, par voie de déduction, à l'aide de quelques principes bien établis, tirer des règles de conduite certaines. La méthode à employer en morale se réduira donc à une série de définitions verbales. « Pour démontrer les propositions morales, on n'a besoin, semble-t-il, que d'écrire un dictionnaire de mots et de voir ceux dont le sens est inclus dans le sens des autres mots » (²). Il n'y aura, entre les notions morales que des rapports de signification par limitation des termes employés. Grâce à cette méthode logique, on arrive à des démonstrations aussi rigoureuses que les démonstrations mathématiques (³). Cependant il existe une difficulté que les mathématiciens ne rencontrent pas : « leurs définitions ayant trait à des mots encore inconnus du lecteur, ne sont pas discutées, tandis qu'en métaphysique et en morale, les termes étant, pour la plupart, inconnus de tous, il peut arriver que les définitions qu'on en donne soient controversées. » (⁴)

La méthode proposée est donc une méthode à priori analogue à la méthode en mathématiques.

Ces notes d'éthique ne mériteraient point de retenir l'attention du lecteur si l'on n'y découvrait les germes d'une morale empirique et utilitaire dont la filiation avec la philosophie générale de Berkeley peut être facilement établie.

Quels sont les principes de cette morale, telle qu'elle est esquissée dans le *Commonplace Book*, et, plusieurs années après, dogmatiquement exposée dans le *Discours sur l'obéissance passive fondée sur le principe de la loi naturelle ?* L'intérêt, le plaisir, sont la cause de nos actes : le bonheur est la fin poursuivie.

---

(1) *Cmpl. Book*, p. 46.

(2) *Ibid.*, p. 39.

(3) *Ibid.*, p. 46.

(4) *Ibid.*, p. 69. Cf. Lévy-Bruhl, *La Morale et la Science des mœurs*, ch. 1ᵉʳ, p. 20. « Des concepts d'une complexité extrême chargés de tout un passé d'expériences sociales. »

C'est ainsi que dans une remarque curieuse, Berkeley refuse de reconnaître une distinction entre le profit et le plaisir (¹), et affirme que l'intérêt personnel est le seul mobile d'action légitime.

Nous ne sommes pas étonnés de lire dans un autre endroit (²) du *Journal* d'un philosophe qui réhabilite la connaissance sensible, que « c'est folie chez les hommes de mépriser les sens », et, plus loin (³), un éloge du plaisir sensible qui est regardé comme « le souverain bien et le grand principe de la morale. » Le passage vaut la peine d'être reproduit. « Le plaisir sensible est bon et peut être désiré du sage. Dans le cas où il est méprisable, ce n'est pas en tant que plaisir, mais en tant que douleur et cause de douleur, ou, ce qui revient au même, en tant que privation d'un plus grand plaisir. »

Comme tous les plaisirs ne doivent pas être également recherchés, comme il ne faut pas seulement avoir en vue le plaisir du moment (⁴), il faut faire un choix et préférer « ceux qui ne rassasient point et n'amènent pas après eux les maux que les autres entraînent (⁵) », c'est-à-dire les plaisirs de l'ouïe et de la vue.

Dans un opuscule publié deux ans après les *Principes* et intitulé *Discours sur l'obéissance passive*, Berkeley a exposé ses vues en éthique. Son système de morale a été plus tard complété par l'*Alciphron* et plusieurs *Discours* (⁶). Or, partout, la pensée de Berkeley est restée conforme aux doctrines ébauchées dans le *Journal* de jeunesse. Cela ressort clairement du *Discours*, dans lequel les lois morales sont regardées comme des déductions de la raison. En morale, les règles éternelles de l'action sont d'une vérité aussi universelle et immuable que les propositions géométriques. (⁷)

L'égoïsme (*self-love*) est donné comme le motif suprême de

(1) *Cmpl. Book*, p. 24.
(2) *Ibid.*, p. 23.
(3) *Ibid.*, p. 47.
(4) *Ibid.*, p. 55.
(5) *Ibid.*, p. 49. — Voir aussi l'essai charmant du *Guardian*, p. 155.
(6) *Discourse to Magistrates, Letter to the Roman Catholics of Cloyne*, etc.
(7) *Obéissance Passive*, sect. 53.

nos actes que nous jugeons bons ou mauvais, selon qu'ils sont pour nous une source de plaisir ou de peine ; il nous importe donc de rechercher le meilleur moyen d'arriver au bonheur. Ce moyen ne saurait résider que dans l'obéissance aux lois de la nature qui étant l'œuvre d'un Dieu infiniment bon, ne peuvent nous induire en erreur.

Nous nous élevons peu à peu dans l'échelle des plaisirs, en recherchant d'abord le bien présent, pour préférer plus tard le mal présent, en prévision d'un plus grand bonheur futur, jusqu'à ce qu'enfin, instruits par la méditation, de l'instabilité de nos affections et de nos joies, nous les considérons « comme moins que rien » par rapport à l'éternité, et reportons toute notre vie morale en Dieu et l'obéissance à ses décrets. Parti de l'égoïsme de l'individu, Berkeley arrive à la philanthropie universelle qui nous est commandée par la volonté divine « Ce n'est pas le bien particulier de celui-ci ou de celui-là , de telle nation, de tel siècle, mais de tous les siècles du monde que Dieu a voulu réaliser, par le concours de chaque individu. » (¹)

Comment reconnaître le bien, quel sera le criterium de nos actes ? Il faut les juger d'après les lois de la Raison Eternelle. Tout acte qui paraît avoir une connexion nécessaire avec le bien-être universel doit être regardé comme émanant de la volonté divine. (²)

Il ne faut pas tenir compte des conséquences de notre conduite, lorsque nous l'avons préalablement réglée d'après cette loi, pas plus que le Créateur ne déroge aux lois naturelles qu'il a imposées pour le bien général, quel que soit le mal qu'elles entraînent quelquefois sur un point particulier de notre planète. (³)

« Quand surgit un doute sur le caractère moral d'une action, il est clair qu'on ne peut déterminer ce caractère par le calcul du bien général qui l'accompagne dans ce cas particulier, mais par la comparaison avec les lois éternelles de la raison. Celui qui règle ses actions d'après ce principe, ne saurait jamais mal agir, quand même il attirerait sur lui la pauvreté, la mort ou la

---

(1) *Discours sur l'Obéissance passive*, sect. 7
(2) *Ibid*, sect. 11.
(3) *Ibid*, sect. 14.

honte, quand même il entraînerait sa famille, ses amis, son pays, dans les malheurs que la nature humaine considère comme les plus grands et les plus insupportables ([1]). »

La conclusion du discours se devine aisément : il faut obéir au pouvoir civil, car quiconque résiste, entre en révolte contre Dieu. Le devoir de loyauté à l'égard du gouvernement établi, dérive de l'ordre établi par Dieu dans la nature. Avec le désordre et l'anarchie, le monde ne serait que malheur et confusion. ([2])

En résumé, la sagesse consiste à vivre selon la nature, parceque l'ordre de la nature a été voulu par Dieu ; à obéir au pouvoir civil, quel qu'il soit, parce que l'ordre moral, comme l'ordre naturel, a sa source en Dieu.

L'année suivante, en 1713, dans une série d'essais publiés par le *Guardian*, Berkeley développe et explique sa théorie du plaisir. Il admet des plaisirs naturels et des plaisirs artificiels : les premiers sont appropriés à la nature humaine en général, les autres présupposent quelque caprice ou goût particulier. ([3])

Berkeley distingue également les plaisirs des sens et ceux de l'intelligence ([4]) et refuse de considérer tout excès comme plaisir. Sur les plaisirs de l'imagination, il écrit une page d'aimable épicurisme, plus littéraire que philosophique, et que nous ne pouvons nous empêcher de traduire. « Quand je suis à la campagne, dit-il, je considère comme miens tous les beaux châteaux qui sont près de l'endroit où je réside et auxquels j'ai accès....... D'après ce principe, je suis possesseur d'une demi-douzaine des plus beaux domaines d'Angleterre qui, d'après la loi, appartiennent à certains de mes amis, hommes d'affaires, préférant vivre à proximité de la cour. Dans les grandes familles où je passe mon temps, un étranger serait porté à me mettre au rang des domestiques, mais en moi-même, ma pensée et mon juge-

---

(1) *Obéissance passive*, s. 13.
(2) *Ibid.*, s. 16.
(3) *Essays*, VI, p. 155.
(4) *Ibid.*, VII, p. 164.

ment, je suis le maître de la maison et celui qui porte ce nom n'est que mon serviteur qui prend sur lui le soin de me procurer les plaisirs de la vie.

« Si je me promène dans les rues, j'applique la même pratique naturelle (à savoir que le vrai possesseur d'une chose est celui qui la possède, sans en avoir la jouissance)... Grâce à ce principe, je suis devenu l'un des plus riches personnages de la Grande-Bretagne, avec cette différence que je ne suis pas en proie à mes soucis, ou à l'envie des autres.

« Chaque jour m'apporte d'innombrables et innocents plaisirs, tandis que je contemple mes semblables engagés dans la poursuite pénible et absurde de choses insignifiantes : l'un veut porter un titre particulier, l'autre un ornement particulier que je regarde comme un bout de ruban d'un effet agréable à mes yeux, mais si loin de tenir la place du mérite absent, qu'il ne sert qu'à faire ressortir cette absence.....

« Mais le plaisir qui donne à l'esprit de l'homme les transports les plus vifs, est le sentiment que nous agissons sous les regards de la sagesse, de la puissance, de la bonté infinie qui couronnera nos vertueux efforts d'ici-bas par un bonheur aussi vaste que nos désirs, aussi durable que nos âmes immortelles. C'est une source perpétuelle de contentement qui diminue nos infortunes et double nos joies. Sans cet espoir, le plus haut rang dans la vie est insipide ; avec cet espoir, le rang le plus humble devient le paradis. » (1)

Le vrai sage ne vit pas seulement du plaisir présent et de son propre plaisir; (2) il escompte les plaisirs futurs. Si le chrétien, obéissant à sa conscience, abandonne un avantage immédiat, c'est en vue d'un plus grand bien à venir. (3) L'espérance d'une vie future ne doit pas être dédaignée : nous ouvrons ainsi à notre bonheur une perspective infinie. Et maintenant quels sont ceux qui ont de cette vie la conception la plus large, la plus belle ?

---

(1) *Essays*, V, p. 156, 157, 153.
(2) *Commonplace Book*, p. 55.
(3) *Essays*, VI, p. 161.

« Sont-ce les philosophes dont les idées sont confinées aux misé-
rables données des sens, ceux qui n'attendent rien au delà de
cette courte existence, ou ceux dont les désirs sont aussi étendus
que la longueur infinie de l'éternité? » (1) « Je peux négliger un
mal présent et passager, en songeant que je peux être heureux
dans mille ans. Sans cette pensée, j'aimerais autant être une
huître qu'un homme, le plus stupide des animaux, plutôt qu'un
esprit raisonnable torturé par le vif désir d'une perfection qu'il
désespère d'atteindre. » (2)

Et non seulement le sage augmente le plaisir présent du plaisir futur, mais il accroît son propre plaisir du plaisir de ses
semblables. De même qu'il existe une force d'attraction entre
les corps, en vertu de laquelle les planètes tournent autour du
soleil, comme leur centre, de même les hommes, en vertu d'une
sorte d'attraction morale, se groupent entre eux, ou éprouvent,
malgré l'éloignement, des sympathies mutuelles.

« Nous nous sentons liés par une imperceptible chaîne à
chaque individu de la race humaine. » (3) Or la gravitation universelle des corps et l'attraction morale universelle sont l'œuvre de Dieu.

« C'est donc l'intérêt et le devoir de chacun de cultiver ces
tendances, pour le bien de l'humanité; je dis le devoir, parce
qu'elles sont conformes aux intentions du Créateur qui recherche le bien commun de ses créatures; je dis aussi l'intérêt
parce que le bien de l'ensemble est inséparable de celui de ses
parties, de sorte que si nous réalisons le bien général, nous
réalisons en même temps notre bien particulier. » (4)

On voit, d'après les considérations précédentes, et les extraits du
Journal, du Discours sur l'obéissance passive et des articles du
Guardian. comment cette philosophie dont le point de départ est
l'égoïsme, aboutit à l'altruisme le plus élevé. Pour passer de l'un
à l'autre, il a fallu l'intervention d'un principe à priori : l'existence
d'un Dieu infiniment bon et puissant, soutien du monde

---

(1) *Essays*, IX, p. 173.
(2) *Ibid.*, XIII, p. 184.
(3) *Ibid.*, XIV, p. 188.
(4) *Ibid.*, p. 189.

physique et moral. Mais ce principe était posé clairement dans le *Journal* de jeunesse.

« Les deux grands principes de la morale : l'existence de Dieu et la liberté de l'homme. » [1] Toute l'œuvre de Berkeley est subordonnée à ce grand principe : établir non seulement l'existence, mais « la proximité et l'omniprésence de Dieu. » [2]

2°. — L'Alciphron

Restons fidèle au plan que nous nous sommes tracé au début de cette étude, voyons ce que les fragments de système de morale, épars dans les œuvres de jeunesse de Berkeley, sont devenus, vingt ans après, dans l'*Alciphron*, œuvre de pleine maturité d'esprit, exposé complet des idées morales et religieuses du philosophe. Voyons, par une analyse rapide de cette œuvre, « la moins admirable de ses admirables œuvres, » d'après un critique anglais contemporain, [3] quelles sont les idées qui, contenues en germe dans le cahier de notes, persistent et se développent plus tard.

Aucune des idées essentielles que nous avons relevées ne fait défaut. Nous nous arrêterons surtout à ces parties communes, laissant de côté les controverses religieuses de la fin du traité.

« *Alciphron ou les Petits philosophes* a été publié en 1732, à Dublin, peu de temps après le retour de Berkeley de Rhode Island, et l'échec de sa mission évangélique. L'ouvrage comprend sept dialogues : nous nous occuperons principalement des quatre premiers, les dialogues V, VI et VII, ayant un caractère exclusivement religieux.

Parmi les différents personnages qui discutent les fondements de la morale, Alciphron et Lysiclès représentent les « petits philosophes », ou libres penseurs du temps ; Euphranor et

---

(1) *Cmpl. Book*, p. 19.

(2) *Ibid.*, p. 92 ; dernière note du *Cmpl. Book*.

(3) Leslie Stephen, cité par Fraser. — Préface. p. 41. éd. 1900.

Criton défendent les idées et les opinions de Berkeley. Voici la définition des « petits philosophes », d'après Criton : « C'est une espèce de secte qui abaisse les choses les plus précieuses ainsi que les pensées, les projets et les espérances de l'homme ; qui ramène aux sensations toutes les connaissances, notions et théories de l'intelligence ; qui rapetisse la nature humaine au niveau inférieur et mesquin de la vie animale et ne nous assigne qu'une portion minime de temps au lieu de l'immortalité. » (¹)

Sous les noms d'Euphranor, Criton et Dion, Berkeley se prépare à attaquer les « petits philosophes » ; mais auparavant il cherche à établir la nature du bien moral. Nous entendons d'abord la thèse d'*Alciphron*. Quel est le but poursuivi par les libres penseurs (*free thinkers*) ? Détruire les préjugés, affranchir les esprits, combattre la religion, les prêtres et les magistrats qui se prêtent un mutuel appui ; ruiner la croyance en Dieu, en une Providence imaginée, comme l'enfer, pour effrayer les hommes, les contenir dans le devoir, les détourner du crime. « L'athéisme, cet épouvantail des femmes et des sots, est le plus haut point de perfection de la libre pensée...

« Tant que l'on croit à l'existence de Dieu, la religion subsiste sous une forme ou une autre. Mais arrachez cette racine et les jeunes pousses qui en sortent se dessécheront et périront. Telles sont les notions fantaisistes de la conscience, du devoir et autres notions semblables qui nous remplissent de scrupules, de frayeur, et nous rendent plus esclaves que le cheval qui nous porte. » (²)

Ainsi débarrassé des obstacles au développement de son esprit, « l'homme de courage et de bon sens suivra son raisonnement jusqu'où ce dernier le conduira ; » il ne prendra pour guide que la logique. En outre, il ne recherchera que la satisfaction « des appétits, des passions, des sens, les plaisirs fondés en nature... tels que le manger, le boire, le dormir... Chaque homme se considère, ou considère son existence corporelle dans ce monde, comme le centre et la fin ultime de tous ses actes et de tous ses

---

(1) *Alciphron*, Dial. I, s. 10.
(2) *Ibid.*, s. 9, p. 46.

égards. (¹) » En tout il faut revenir à la nature. « Ce qui est naturel à l'homme, c'est ce qui se trouve chez tous les hommes de toutes les nations et de tous les pays. » (²)

Mais qu'appelle-t-on *naturel* ? Faudra-t-il considérer comme des préjugés, et non comme des notions propres à l'espèce humaine, la croyance à l'immortalité, à la vie future, par exemple, parce qu'elle s'est formée graduellement dans notre esprit? Est-il nécessaire que cette idée reparaisse dans l'esprit de l'enfant ?

Est-ce que l'arbre donne tout de suite des feuilles, des fleurs et des fruits ? Refusera-t-on de reconnaître que toutes ces choses sont naturelles parce qu'on ne peut les observer dans le bourgeon ?

Il en est ainsi des idées de Dieu, de l'âme « qui sont les fruits de la pensée mûrie... et le produit le plus parfait de la nature raisonnable de l'homme. » (³)

On n'a pas le droit de conclure, d'après Euphranor, de la diversité des cultes et de la diversité de la notion de Dieu, que cette notion n'est pas naturelle à l'homme ; elle est d'ailleurs indispensable à la morale. « Je crois pouvoir comprendre aisément que lorsque la crainte de Dieu a tout à fait disparu, l'esprit doit se trouver à l'aise envers les autres devoirs qui deviennent un simulacre extérieur, des formalités pures, dès qu'ils n'ont plus de prise sur' la conscience, et que la conscience suppose toujours l'existence de Dieu. » (⁴)

Après avoir réfuté l'argumentation d'*Alciphon*, Euphranor expose les principes de l'éthique ; il n'y a pas de fin supérieure au bonheur, tel est le principe fondamental. Mais le bonheur général est un plus grand bien que le bonheur individuel, c'est donc le bonheur général qu'il faut poursuivre. En vertu de la solidarité qui unit tous les hommes, nous ne pouvons rechercher le bonheur privé que dans sa connexion naturelle avec le bonheur universel.

---

(1) *Alciphron*, I, s. 47.
(2) *Ibid.*, s. 14.
(3) *Ibid.*
(4) *Ibid.*, s. 15, p. 63.

L' « homme ne doit pas se considérer comme un individu indépendant dont le bonheur n'est pas lié au bonheur d'autrui, mais plutôt comme faisant partie d'un tout dont il recherche le bien commun (¹) ». En ce sens, il peut vivre selon la nature, mais une nature où l'harmonie est la règle.

Le second dialogue d'*Alciphron* porte sur l'analyse du plaisir. Au début les interlocuteurs discutent la théorie célèbre de Mandeville (²) d'après laquelle « les vices privés » sont considérés comme des « bienfaits publics ». Lysiclès qui l'expose fait l'éloge de l'ivrognerie et du vol ; il développe la doctrine du plaisir. Voici, en quelques mots, le sens général de cette thèse paradoxale.

Toutes les créatures recherchent le plaisir sensible. C'est pour la satisfaction de nos appétits que nous vivons ; la vertu est un obstacle à notre bonheur. Profitons des amusements que la vie nous offre. « Sans l'amour, le vin et le jeu,... la vie ne vaudrait pas la peine d'être vécue. »

En réponse à Lysiclès, Euphranor distingue trois sortes de plaisirs : les plaisirs sensibles, communs à l'homme et aux animaux ; les plaisirs de l'imagination et ceux de la raison propres à l'homme. Dans le calcul quantitatif du plaisir, il introduit un élément qualitatif. Il montre que cet élément intellectuel pénètre le plaisir sensible lui-même, car « les plaisirs des sens sont plus goûtés par l'espoir, l'anticipation de l'âme, que par une possession effective. » (³)

Euphranor établit les bases d'une arithmétique des plaisirs dans laquelle devraient entrer « les plaisirs intellectuels et les plaisirs futurs aussi bien que les plaisirs présents et les plaisirs sensibles.. l'espèce, la quantité, la pureté, l'intensité, la durée du plaisir. » (⁴)

---

(1) *Alciphron,* D. I, s. 16, p. 67.
(2) Mandeville, *Fable of the Bees,* 1702.
(3) *Alciphron,* D. II, s. 16, p. 97.
(4) *Ibid.,* s. 18, p. 102.

Au sommet de l'échelle se trouvent les plaisirs naturels à l'homme, ceux de l'esprit. Les plaisirs des sens n'amènent que le dégoût de la vie et conduisent au suicide.

Criton, qui soutient Euphranor, rattache les progrès de la corruption de son temps aux principes irréligieux des petits philosophes, à leur amour irréfléchi des innovations et des expérimentations sociales. Il leur reproche de rechercher les vérités spéculatives « dont on peut découvrir un grand nombre, sans grand mérite envers son pays, » (1) au lieu des principes ayant une utilité pratique et bienfaisante. « Pour ma part, dit Criton, j'aimerais mieux voir ma femme et mes enfants croire ce dont ils n'ont aucune idée et prononcer chaque jour des paroles sans aucun sens, que de les voir se couper la gorge, ou sauter par la fenêtre. L'erreur et la sottise, en tant que telles, sont de peu d'importance aux yeux du public qui ne considère pas la vérité métaphysique des notions autant que la tendance qu'elles possèdent à produire le bien et le mal. » (2)

Voilà donc le criterium des idées morales : l'utilité. Il importe bien moins de savoir si l'âme est immortelle, si Dieu existe, si le christianisme repose sur un fondement vrai, que de savoir si ces croyances sont utiles : or l'expérience démontre qu'une société ne peut vivre sans elles. Par conséquent les petits philosophes qui cherchent à les détruire se rendent coupables d'une mauvaise action. Ce n'est pas que Criton ou Euphranor ne discutent longuement les prémisses du raisonnement, à savoir que rien ne correspond à ces notions dans la réalité ; ils sont convaincus du contraire ; ils prétendent seulement que même si l'on parvenait à prouver que leurs croyances sont mal établies, ils n'y renonceraient point ; la société ne devrait pas les abandonner, car l'ordre public et le bonheur individuel en dépendent.

Ni l'apologie du vice, ni le plaisir érigé en mobile et principe suprême de la vie, n'ont trouvé grâce devant eux.

Mais ne pourrait-on pas concevoir un idéal plus élevé qui serait le sentiment moral, pris comme règle de nos actes ? « Pour rendre

---

(1) *Alciphron*, II, s. 24, p. 114.
(2) *Ibid.*, p. 113 et 114.

l'homme vertueux, il est inutile d'avoir recours aux sermons, aux raisonnements et aux menaces » (1). Il suffit de lui faire entrevoir la beauté de la vertu. « Il y a dans tout homme une idée innée du beau ; » (2) une sorte de sens intérieur lui permet de la découvrir, et il se sent aussitôt naturellement porté vers elle. Telle est la nouvelle théorie morale empruntée à Shaftesbury (3) par Alciphron qui l'expose avec profondeur. Elle repose sur le désintéressement de la vertu poursuivie pour son mérite propre, en dehors de toute sanction extérieure à elle-même. Criton prouve clairement que cette « autonomie de la volonté », comme Kant l'appellera plus tard, est le caractère distinctif du beau moral ; il ne réussit pas toutefois à préciser ce qu'il entend par « sens moral », beauté morale. C'est pourquoi Euphranor peut à bon droit objecter l'insuffisance du principe intérieur et la nécessité de faire appel à la raison et au jugement. Qu'est-ce que le senti-ment de la beauté, auquel Alciphron veut nous soumettre ? N'est-il pas fondé sur l'imitation de la nature, comme les anciens le concevaient déjà ? Et n'entrait-il pas dans cette con-ception l'idée d'ordre, de convenance, d'harmonie et d'utilité ?

Conçoit-on le monde physique sans lois, le monde moral sans ordre, l'univers sans Dieu ? « Je voudrais savoir quelle beauté peut se trouver dans un système moral formé, établi, gouverné par le hasard, le destin, ou tout autre principe aveugle, non pensant ? Car, sans pensée, pas de fin, sans fin, pas d'utilité, sans utilité, pas d'harmonie, de proportion dont naît la beauté. (4)

« Ne pouvons-nous supposer, répond Alciphron, certain prin-cipe vital, de beauté, d'ordre et d'harmonie, répandu dans l'uni-vers, sans supposer une Providence qui surveille, punit et récom-pense les actions morales des hommes ; sans supposer l'immor-talité de l'âme ou une vie future ; sans admettre, en un mot, la moindre part de ce qu'on appelle communément, foi, culte, religion ? — Criton — Ou vous supposez ce principe intelligent ou non intelligent : dans le second cas, il se confond avec le

---

(1) *Alc.*, D. III, sect. 3, p. 127.
(2) *Ibid.*, p. 125.
(3) Shaftesbury (1671-1713), disciple de Locke.
(4) *Alciphron*, Dial. III, s. 10.

hasard ou le destin, que je viens de combattre, dans le premier, qu'Alciphron veuille m'expliquer en quoi consiste la beauté d'un système moral au sommet duquel se trouve une intelligence suprême qui ne protège pas les innocents, ne punit pas les méchants, ne récompense pas les vertueux »... Au contraire, dans un système d'esprits soumis à la volonté, à la direction du Père des esprits qui les gouverne par des lois, les conduit par des méthodes appropriées à des fins bonnes et sages, il règnera une grande beauté. (¹)

Nous sommes ainsi conduits à examiner dans le Dialogue IV, le plus important de l'ouvrage, quel est le véritable fondement de l'éthique. C'est ici que Berkeley rattache la morale à son système de métaphysique, et, tout d'abord, à sa théorie de la vision.

Répondant à Alciphron qui exige des preuves évidentes et sensibles de l'existence de Dieu, Euphranor cherche à prouver que Dieu est visible. « Au sens strict du mot je ne vois pas Alciphron, c'est-à-dire cette créature individuelle pensante, mais des signes visibles qui me font inférer l'existence de cet invisible principe pensant ou âme. De même, quoique je ne puisse pas, avec mes yeux de chair, voir le Dieu invisible, je vois cependant et perçois par tous mes sens, certains signes tels que des effets et des opérations qui me suggèrent, m'indiquent, me démontrent qu'il y a un Dieu invisible, avec la même évidence que d'autres signes me suggèrent l'existence de votre âme, esprit ou principe pensant.... Et je ne suis convaincu de votre existence que par quelques signes ou effets et les mouvements d'un petit corps organisé, tandis que je perçois, en tout temps, en tous lieux, des signes sensibles qui démontrent l'existence de Dieu. » (²)

Non-seulement Dieu est visible par les effets sensibles, mais il nous parle un langage que nous apprenons tous dès l'enfance, à notre insu : le langage optique.

Ce langage procède par signes arbitraires, tout comme le discours humain. Euphranor rappelle la « théorie de la vision, »

(1) *Alciphron*, D. III, s. 10 et 11, p. 138, 139.
(2) *Ibid.*, D. IV, s. 5, p. 161.

l'invisibilité de la distance « qui n'est pas immédiatement perçue, mais médiatement perçue par un signe qui n'a avec elle aucune ressemblance, aucune connexion nécessaire et qui ne la suggère que par une expérience répétée comme les mots suggèrent les choses. » (¹)

S'il en est ainsi, non seulement Dieu existe, mais il meut, anime le monde, comme l'homme anime son corps ; bien plus, il nous parle en tout temps, en tout lieu, et ce langage universel est composé d'un nombre infini de signes adaptés à une variété de fins infinie. Comment pourrions-nous expliquer la production et la reproduction instantanée de cette multitude de signes, sans un Esprit « doué de savoir, de sagesse et de bonté ? » (²) N'équivaut-elle pas à « une création constante qui témoigne de l'action immédiate d'une force providentielle ? » (³) Dieu n'abandonne pas son œuvre, après l'avoir créée et mise en mouvement : il continue à surveiller le bon agencement de toutes les parties. Nous méconnaissons l'intervention divine, parce que la fréquence des signes, auxquels nous sommes depuis longtemps habitués, diminue notre étonnement. Nous serions plutôt portés à admirer l'interruption des lois naturelles que leur cours normal. Ces choses sont devenues familières, voilà pourquoi on les néglige... (⁴) N'est-il pas admirable que nous soyons enveloppés de tous côtés par un tel mystère, sans que nous y réfléchissions ? » (⁵)

Il est évident que, pour Euphranor, la vie est un miracle permanent ; il est dans l'état d'esprit que nous dépeint Saint Augustin, lorsque ce dernier se demande parfois s'il dort ou s'il veille.

Lysiclès accepte aisément la notion de Dieu : il demande seulement qu'on lui dise « dans quel sens il faut entendre ce mot. » (⁶)

Ainsi est posé le difficile problème des attributs divins. Il faut reconnaître que le discours de Lysiclès n'est guère d'un homme

---

(1) *Alciphron*, D. IV, s. 5, p. 165.
(2) *Ibid.*, s. 14, p. 174.
(3) *Ibid.*
(4) *Ibid.*, s. 15, p. 176.
(5) *Ibid.*, p. 175.
(6) *Ibid.*, s. 16, p. 178.

du monde ni d'un esprit superficiel, car il est rempli d'objections embarrassantes et porte sur les points délicats.

On tranche les difficultés sans les résoudre, quand on déclare que les attributs de Dieu sont indéfinissables parce que « les termes de sagesse, science et bonté, ont un sens tout à fait différent du sens vulgaire, » (¹) quand nous traitons de la divinité.

Que répond Criton, dans sa dissertation érudite, où il emprunte des arguments à Pic de la Mirandole, à Sᵗ-Thomas, à Suarez ? Que l'analogie des attributs divins avec les attributs humains est notre seule manière de concevoir Dieu.

« Autant Dieu est supérieur à l'homme, autant l'intelligence divine est supérieure à l'intelligence humaine. » (²)

C'est concevoir, entre Dieu et l'homme, une simple différence de degrés, échapper, en un mot, aux difficultés inextricables du problème. Mais toute cette partie du dialogue, est-elle autre chose que le développement d'un passage déjà cité (³) du *Commonplace Book*, où Berkeley réduisait la distance qui existerait entre Dieu et l'homme, à celle qui existe entre l'homme et le ver ? Assurément la question est loin d'être ici posée dans toute sa complexité et son étendue. C'est le cas de dire avec Hume (⁴) que « nous ne pouvons sonder de tels abîmes. »

Les dialogues V, VI et VII, sont une apologie parfois éloquente du christianisme au point de vue de son utilité sociale.

« Si nous admettons un Dieu, pourquoi ne pas admettre le culte divin ? Si nous admettons ce culte, pourquoi pas la religion qui nous l'enseigne ? Si nous admettons une religion, pourquoi ne sera-ce pas la religion chrétienne, puisque nous ne pouvons en trouver de meilleure, puisqu'elle a déjà été établie par les lois de notre pays et léguée par nos ancêtres ? » (⁵)

De la dépendance et de la misère de l'homme ici bas, dans un monde impropre à rendre heureuses des âmes douées de

---

(1) *Alciphron*, IV, s. 17 p. 179.

(2) *Ibid.*, s. 21, p. 87.

(3) Cf. supra, p. 46.

(4) Cité par Fraser, p. 180. Cf. aussi *Alciphron*, Dial, VI, s. 17,

(5) *Alciphron*, Dial. V, s. 2, p. 196,

raison ; » (¹) de l'importance qu'il y a à conserver « cette source de foi, d'espérance et de charité » (²) qu'est le christianisme dont l'influence civilisatrice a toujours été reconnue ; de toutes les considérations déjà émises, une conclusion se dégage, c'est que le christianisme s'élève au-dessus de la religion naturelle à laquelle il prend tout ce que cette religion naturelle a d'excellent. (³)

Dans le Dialogue VI, Criton et Euphranor s'efforcent de prouver la divinité du christianisme. Nous passerons rapidement sur cette partie de l'*Alciphron*, où l'auteur, s'appuyant sur la faiblesse de l'intelligence humaine, abandonne volontairement l'usage de la raison, quand il s'agit des Saintes Ecritures.

« Pour moi, dit Euphranor, (⁴) je sais qu'il y a beaucoup de choses que je ne peux pas voir que d'autres voient clairement... et je n'ose pas déclarer qu'une chose est ridicule, parce que je ne la comprends pas. »

Plus loin le même interlocuteur ajoute : « Je n'oserai jamais faire de ma propre observation ou de mon expérience personnelle la règle et la mesure des choses spirituelles, surnaturelles ou ayant rapport à un autre monde, parce que je croirais que cette règle est très défectueuse même à l'égard des choses visibles et naturelles de ce monde. Ce serait juger comme le Siamois qui affirmait qu'il ne gelait pas en Hollande, parce qu'il n'avait jamais vu de l'eau solidifiée, ou glace, dans son propre pays. » (⁵)

La plus grande modestie nous est donc imposée à la fois par l'inconnaissable mystère qui nous entoure et par notre faible lumière intellectuelle. Cette idée ressort plus particulièrement des sections 7, 10, 11, 15, 17 du Dialogue VI. Elle ne doit d'ailleurs nous étonner nullement, car elle n'est qu'un long commentaire d'une idée plusieurs fois exprimée déjà dans le

---

(1) *Alciphron*, D. V, s. 5.
(2) *Ibid.*, s. 4.
(3) *Ibid.*, s. 27.
(4) *Ibid.*, Dial. VI, s. 7,
(5) *Ibid.*, s. 11, p. 266,

Commonplace Book sur « la foi implicite qui nous convient » dans l'examen des principes religieux, « c'est-à-dire les propositions concernant des choses qui dépassent complètement notre savoir et qui sont hors de notre portée. » (¹)

Une intéressante discussion des idées abstraites, ouvre le Dialogue VII. Certaines restrictions sont apportées au nominalisme radical des *Principes* et du *De Motu* que représente maintenant Alciphron lui-même. Les sections 5, 6, 7, qui contenaient des attaques trop vives sur l'abstraction, sont supprimées dans l'édition de 1752.

Euphranor (Berkeley) admet que les « mots peuvent avoir un sens, quoiqu'ils ne représentent pas des idées (²) » ; ainsi nous ne pouvons avoir une idée abstraite de la force, qui, en dehors de ses effets sensibles, est pour nous incompréhensible ; pourtant nul ne conteste l'utilité de cette notion dans la pratique.

De même, dans le domaine religieux, la grâce est un mystère inconcevable, bien qu'elle se révèle à nous par ses effets salutaires et ses heureuses conséquences. Pourtant certains esprits « acceptent l'idée de force et rejettent l'idée de grâce (³) ». Ils acceptent donc, à la base des sciences, des idées qu'ils ne peuvent comprendre ; ils croient à la *force*, comme les esprits religieux croient à la *grâce*.

Est-ce que les mathématiques elles-mêmes reposent toujours sur des idées claires et distinctes ? Peut-on nier leur utilité, malgré l'incertitude des principes ? (⁴)

Mais que devient la morale sans liberté ? Car « tous les actes sont déterminés. » Telle est la dernière objection d'Alciphron. Que le mobile du vouloir soit le plus grand malaise actuel ou le plus grand bien apparent, il est évident que la volonté est gouvernée par le jugement, que nos volitions sont tantôt le résultat de nos appétits, tantôt celui de notre raison (⁵). Contre

---

(1) *Cmpl. Book*, p. 28 et 42.

(2) *Alciphron*, Dial. VII, s. 5.

(3) *Ibid.*, s. 48.

(4) La question sera reprise quelques années plus tard dans l'*Analyste* (voir le chapitre suivant).

(5) *Alc.*, D. VII, s. 17.

cet argument suprême, Euphranor fait appel à la conscience et au sens commun. « J'ai conscience d être un être actif qui peut se déterminer et effectivement se détermine lui-même ...... Je sais que j'agis et que je suis responsable de mes actes. » (¹)

Rejetons loin de nous toutes les abstractions et les subtilités métaphysiques, « faisons appel au bon sens universel (²) ». En terminant, Criton retourne contre les petits philosophes l'accusation d'ignorance souvent lancée contre les chrétiens. Que sont les incrédules, sinon « des sceptiques trop pressés (³),.... trop ignorants pour être modestes ? » (⁴)

C'est donc par une double attaque contre les philosophes et les mathématiciens que se termine l'*Alciphron*.

La querelle va continuer, mais avant d'en suivre les diverses phases, nous ne pouvons nous empêcher de constater que l'affirmation de la liberté morale, et l'appel au sens commun contre les abstractions des métaphysiciens, se retrouvent dans le *Commonplace Book*. Nous avons pu, chemin faisant, remarquer combien nombreuses sont les idées morales communes au *Journal* et à l'*Alciphron*.

---

(1) *Alc.*, D. VII, s. 18.
(2) *Ibid.*, s. 18.
(3) *Ibid.*, s. 29.
(4) *Ibid.*, s. 30.

CHAPITRE IV

L'INFINI ET L'ABSOLU

Les **Mathématiques** et l'**Analyste**
La **Métaphysique** et la **Siris**

1. — L'Analyste

De bonne heure Berkeley avait pris goût à l'étude des mathématiques. Nous en avons la preuve, non seulement, dans les nombreuses notes relatives à cette science qu'il écrivait dans le *Commonplace Book*, mais aussi dans deux opuscules latins intitulés *Arithmetica*, et *Miscellanea Mathematica*, ce dernier dédié à Samuel Molyneux, fils du correspondant de Locke. Dans la préface des *Arithmetica*, Berkeley parle de l'agréable étude des mathématiques (¹) vers laquelle il a été poussé par le Rᵈ John Hall. Toutefois ces deux opuscules cités plus haut étaient publiés sans nom d'auteur.

Plus tard, Berkeley attaquera vivement la méthode des mathématiciens, leurs idées abstraites, l'obscurité de leurs principes ; enfin, dans la dernière partie de sa carrière, il engagera la lutte contre l'irréligion des mathématiciens de son temps.

---

(1) Suavissimum matheseos studium.

Nous avons déjà relevé dans le *Commonplace Book* et l'*Essai* la critique de l'étendue abstraite, et la substitution de l'étendue tangible à l'étendue visible comme but de la géométrie.

Il y a un « minimum tangible » de même qu'il y a un « minimum visible. » Faute de reconnaître cette vérité les géomètres font fausse route et, méprisant à tort le témoignage des sens, n'atteignent que des abstractions. Berkeley professe qu'il est ridicule de mépriser les sens, la réalité tangible, seule concevable et mesurable.

« La matière visible n'est pas composée d'invisibles... Je prétends que les invisibles ne sont rien, ne peuvent pas exister, qu'ils enferment une contradiction. » (¹)

De l'existence des « minima sensibilia » résulte l'impossibilité de diviser *ad infinitum* une quantité ou étendue finie. Telle est la proposition qui sera soutenue, d'abord dans les *Principes*, puis, beaucoup plus tard, dans l'*Analyste* et qui constituera l'argument essentiel de cet ouvrage de polémique. En voici le germe indiqué dans le *Cahier de notes*.

« Pas de raisonnement sur les choses dont nous n'avons aucune idée ; donc pas de raisonnement sur les infinitésimaux. (²)

« Quand nous parlons de quantités infinies, ou bien nous entendons par là des quantités finies, ou bien nous voulons parler de ce dont nous n'avons aucune idée, ce qui est absurde. » (³)

Voici un passage du *Commonplace Book* reproduit à peu près dans les mêmes termes dans la section 127 des *Principes* : « Supposons un pouce représentant un mille : $\frac{1}{1000}$ de pouce n'est rien, mais $\frac{1}{1000}$ du mille représenté est quelque chose. C'est pourquoi $\frac{1}{1000}$ de pouce, quoique n'étant rien, ne doit pas être négligé parce qu'il représente quelque chose, c'est-à-dire $\frac{1}{1000}$ de mille. » (⁴)

---

(1) *Cmpl. Book*, p. 13. Cf. *Principes*, sect. 132 : « il n'est pas nécessaire d'imaginer des quantités au-dessous du minimum sensible, »…. etc.

(2) *Cmpl. Book*, p. 9 et 87.

(3) *Ibid.*, p. 11.

(4) *Ibid.*, p. 78.

Il aurait pu remonter encore plus haut, jusqu'à ses notes de jeunesse, au *Commonplace Book*. Il faut reconnaître d'ailleurs que l'état d'esprit de Berkeley a bien changé. Depuis qu'il croit voir dans quelques mathématiciens des esprits forts, ennemis de la religion, il s'est tourné non seulement contre leur méthode et leurs principes, mais aussi contre leur prétention de nier tout ce qui dépasse la raison, tout ce qui est d'ordre surnaturel. Il consacrera des pages éloquentes à prouver que tel mathématicien qui repousse les mystères de la foi, accorde sans réfléchir toute confiance aux principes scientifiques les plus obscurs et les plus contradictoires : le principe de la divisibilité infinie de l'étendue, des fluxions, de l'étendue abstraite, etc.

« Est-ce que ces physiciens, amis des mathématiques, ces anatomistes et trafiquants de physiologie animale, qui, d'une foi implicite, admettent la doctrine des fluxions, ont bonne grâce à insulter les autres, parce qu'ils croient en des choses qu'ils ne comprennent point ? (1)

« N'est-on pas plus excusable d'admettre ce qui est au-dessus de la raison que ce qui est contraire à la raison ? (2)

« Est-ce que les mathématiciens qui se révoltent contre les mystères ont jamais examiné leurs propres principes ? » (3)

Comme on peut s'en rendre compte, d'après ces questions pressantes, la querelle s'est transformée : elle a quitté le terrain scientifique et s'est placée sur le terrain religieux. Il est difficile de prévoir cette extension de la querelle dès le *Commonplace Book*, où abondent les attaques contre les mathématiciens et leur méthode. Peut-être pourra-t-on discerner déjà une tentative de défense des croyances religieuses contre l'esprit scientifique dans le passage suivant qui, du reste, est isolé.

« Quand je dis que je veux rejeter toutes les propositions dans lesquelles je ne connais pas d'une manière complète adéquate et claire ce qu'elles signifient, je n'étends pas cette rigueur aux propositions contenues dans les Saintes Ecritures :

---

(1) *Analyst*, question 55.
(2) *Ibid.*, quest. 61.
(3) *Ibid.*, quest. 63.

je parle de choses concernant la raison et la philosophie, non la révélation. En cela je crois qu'une foi humble, explicite, nous convient, telle que le paysan papiste l'accorde aux propositions qu'il entend à la messe dite en latin.

« Des esprits orgueilleux peuvent trouver cette attitude aveugle, papiste, soumise, irrationnelle.

« Je trouve, quant à moi, qu'il est plus irrationnel de prétendre contester, chicaner, tourner en ridicule les mystères sacrés, c'est-à-dire les propositions concernant des choses qui dépassent complètement notre savoir, et qui sont hors de notre portée. Quand j'arriverai à la connaissance complète d'un fait quelconque, alors seulement je professerai des croyances explicites. » (1)

Ainsi, d'après Berkeley, les savants ne sont pas fondés à repousser les mystères de la transubstantiation et de la Trinité, par exemple, puisqu'ils admettent d'autres mystères non moins incompréhensibles.

Mais la querelle, à l'origine, porte sur les obscurités de la méthode et la futilité des questions traitées. Pour Berkeley, en effet, les mathématiques ont avant tout une portée pratique. Quand on s'écarte de ce but, et quand on aborde les problèmes difficiles, on peut déployer beaucoup d'ingéniosité et de talent, mais on fait un travail inutile. Tel celui qui passerait une partie de sa journée à faire des nœuds compliqués pour avoir le plaisir de les défaire ensuite. Rien n'est plus futile que ces *difficiles nugae* où s'exercent les mathématiciens avec une méthode d'ailleurs admirable. Car, à l'inverse des scolastiques qui s'occupent des questions les plus importantes, mais dont la méthode est fausse et stérile, les mathématiciens font les plus beaux raisonnements du monde à propos de riens. Que n'appliquent-ils leur talent à des sujets dignes d'eux ?

« Nous avons appris de Mr Locke qu'il peut y avoir, qu'il y a même des discours pleins de facilité, d'harmonie, de méthode et qui néanmoins équivalent à rien. Il avait l'intention d'appliquer cette remarque aux philosophes de l'école : nous pouvons l'appliquer aux mathématiciens. » (2)

---

(1) *Cmpl. Book*, p. 42.
(2) *Ibid.*, p. 18.

.· Ce qui est plus grave c'est que les mathématiciens s'appuient sur des principes non démontrés et acceptés sur la foi d'autrui. Il n'est question que de l'avancement des sciences et personne ne se préoccupe de leur fondement. Pourtant il existe en deçà, avant toute science particulière, un vaste domaine inexploré: celui des principes, auxquels on croit, sans prendre la peine de les vérifier. Aveugle respect de l'autorité chez des hommes de science ! Et ce sont ces mêmes hommes qui reprochent aux chrétiens leur soumission aux dogmes ! Qu'ils tâchent d'abord de s'entendre entre eux, avant de s'ériger en censeurs des autres. Ainsi parle Berkeley dans l'*Analyste*. Mais tenons-nous en au *Commonplace Book*.

« On a montré beaucoup d'activité dans la marche en avant. On est allé fort loin, mais personne n'a reculé en deçà des principes; de ce côté s'étend une vaste *terra incognita* que je dois explorer et découvrir, un vaste champ de découvertes. » (¹) Voici un passage plus clair. « Une cause universellement répandue de nos erreurs, est notre négligence dans l'examen de nos propres notions. Je veux parler de l'étude de ces idées en elles-mêmes, pour les fixer et les déterminer, car nous ne les considérons que dans leurs relations réciproques. En un mot, nous faisons fausse route en étudiant les relations des choses avant de les étudier absolument, en elles-mêmes. Nous cherchons, par exemple, à découvrir les relations des figures entre elles, ainsi que les relations des nombres, avant de nous efforcer de comprendre exactement la nature de l'étendue en soi et du nombre en soi. Nous croyons que cela ne présente aucun intérêt, aucune difficulté, mais, si je ne me trompe, cette étude est de la plus grande importance. » (²)

Si maintenant nous nous reportons aux *Principes de la connaissance*, (³) nous verrons que les idées d'unité, de nombre, de quantités infinitésimales, s'ajoutent à ces idées que les mathématiciens ont négligé d'approfondir.

---

(1) *Cmpl. Book*, p. 23.

(2) *Ibid.*, p. 25. « C'est dans la démonstration des théorèmes les plus élémentaires que les auteurs des traités classiques ont déployé le moins de précision et de rigueur. » H. Poincaré, *op. cit.*, p. 14.

(3) *Principes*, sect. 118 - 133.

Le *Commonplace Book* est rempli de passages qui dénotent, chez l'auteur, beaucoup de goût pour les mathématiques. Presque à chaque page, Berkeley indique une recherche à faire, un problème à résoudre : quadrature du cercle, nature du point, de la ligne, etc. Parfois même l'idée est exprimée sous une forme ironique et piquante :

« Les mathématiciens croient qu'il y a des lignes non perçues... nous autres Irlandais, ne pouvons concevoir de telles lignes...

« Les mathématiciens parlent de ce qu'ils appellent un point. Ce point, à ce qu'ils prétendent, n'est pas absolument considéré comme rien, et ce n'est pas non plus véritablement quelque chose. Or nous, Irlandais, sommes portés à croire que ce quelque chose et ce rien sont proches parents l'un de l'autre. » (¹)

Comment le goût de Berkeley pour les mathématiques a-t-il pu se transformer en une antipathie très vive pour les mathématiciens, c'est une évolution difficile à expliquer par le seul moyen du *Journal* de jeunesse. Mais après avoir lu *l'Analyste* et la *Défense de la libre pensée en mathématiques*, nous pouvons nous croire en possession de la clef. Quoi qu'il en soit, nombreuses et quelquefois vives sont les attaques de Berkeley, soit contre la futilité des questions mathématiques et l'obscurité de leurs principes, soit contre le ton assuré et dogmatique des mathématiciens. Avant de livrer en plein jour le grand combat de *l'Analyste* pour la défense de la religion, Berkeley amasse en secret les munitions, il prépare ses armes pour la lutte qu'il semble prévoir.

« Il a beau se donner des conseils de prudence, se promettre de faire preuve, en toute circonstance, de la plus grande modération ; réfuter les mathématiciens avec la plus grande civilité et le plus grand respect, ne pas les appeler savants nihilistes,.... (²) brider son tempérament satirique, » il n'aime pas « l'air et le ton assuré des mathématiciens » (³). Il ne leur pardonne pas de « mépriser les témoignages des sens » et de « contempler les idées

---

(1) *Cmpl. Book*, p. 91.

(2) *Ibid.*, p. 32.

(3) *Ibid.*, p. 22.

abstraites » (¹). Il conteste leur talent : « Je ne veux pas
admirer les mathématiciens... Quelques-uns ont des qualités :
c'est d'autant plus regrettable. S'ils n'avaient pas été mathématiciens, ils n'auraient été bons à rien. Ils étaient si
naïfs qu'ils n'ont pas su faire usage de leur talent.

« Les mathématiciens ne pouvaient même pas dire en quoi
consistaient la vérité et la certitude, avant que Locke le
leur eût appris... *Nullum præclarum ingenium unquam fuit
mathematicus* (²). Je ne vois d'esprit chez aucun d'eux, excepté
Newton... » (³)

Plus tard, Berkeley revendiquera contre les savants le droit
de penser librement, et il écrira la *Défense de la libre pensée en
mathématiques*. Mais cette indépendance d'esprit dont il fait
preuve dans l'*Analyste* contre Halley, contre Newton lui-même,
se fait jour dans le *Commonplace Book*, où Berkeley se déclare
l'ennemi de toute autorité en matière de science. Rien ne lui
paraît évident que ce qu'il a reconnu tel, à la lumière de sa
propre intelligence.

Il observe, en effet, qu'il était « défiant vers huit ans et porté vers
ces théories nouvelles. (⁴)... Je suis jeune, écrit-il, dans un autre
endroit, (⁵) je suis un parvenu prétentieux et vain, soit. Je
m'efforcerai de supporter patiemment les épithètes les plus
injurieuses que l'orgueil humain irrité puisse imaginer. Mais il
est une chose dont je ne me rends pas coupable : je ne m'accroche pas à l'habit du premier grand homme venu... Je n'adopte
aucune opinion parce qu'elle est ancienne, remise en honneur ou
à la mode du jour, ou parce que j'ai passé beaucoup de temps à
la cultiver. »

En agissant ainsi, Berkeley croit mériter l'approbation des
bons esprits et de Locke lui-même : « Telle était l'ingénuité de
ce grand homme que, s'il vivait encore, je suis persuadé qu'il ne

---

(1) *Cmpl. Book*, p. 45.
(2) *Ibid.*, p. 89. Scaliger.
(3) *Ibid.*, p. 88.
(4) *Ibid.*, p. 79.
(5) *Ibid.*, p. 14.

prendrait pas ombrage de mes divergences d'opinions, vu que de cette manière, je suis son propre conseil, d'après lequel je dois faire usage de mon jugement, voir de mes propres yeux, non avec ceux d'un autre. » (¹)

Nous sommes maintenant préparés à entendre les vives critiques de l'*Analyste* et surtout de la *Défense de la libre pensée en mathématiques* contre l'ipsedixitisme de quelques savants. Berkeley n'a rien écrit d'une logique plus serrée, d'une ironie plus éloquente que ce dernier pamphlet où il combat les mathématiciens qui « raillent les mystères et admirent les fluxions..... (²) « Je signale, dit-il, les contradictions de quelques analystes sceptiques. Je note quelques défauts dans les principes de l'analytique moderne. Je prends correctement la liberté de différer d'opinion avec Sir Isaac Newton. Je propose quelques moyens de diminuer l'ennui des études mathématiques et de les rendre plus utiles. Qu'y a-t-il dans tout cela qui puisse vous faire écrier : l'Espagne, l'inquisition, l'odium theologicum ? .... De même que j'abhorre l'inquisition en matière de foi, de même vous n'avez aucun droit de l'établir en matière de science..... Vous cherchez à m'accabler en citant des autorités....

« Je reconnais librement que Sir Isaac Newton s'est montré mathématicien extraordinaire, profond naturaliste, homme de grand talent et de grande érudition. Je consens à accorder tout cela, mais je ne peux aller aussi loin que vous. Je ne dirai jamais de lui comme vous le faites : *vesligia pronus adoro*. Cet acte d'adoration que vous lui adressez, je ne veux l'adresser qu'à la vérité. (³)

« Il n'est aucun grand nom au monde qui puisse me faire accepter des choses obscures pour des choses claires, ou des sophismes au lieu de démonstrations... Vous parlez comme d'un crime de la possibilité de dépasser jamais Sir Isaac Newton,

---

(1) *Cmpl. Book*, p. 39.

(2) Nous croyons devoir donner quelques extraits de cette œuvre dont il n'existe pas de traduction et parce que ce développement répond à l'importance de la partie mathématique du *Cmpl. Book*. *Defence of Free Thinking in Mathematics*, sect. 5, 9, 11, 12, 13.

(3) *Defence*, s. 14.

« D'autres ne craignent pas de passer au crible les principes
de la science humaine, ne trouvent aucun honneur à imiter le
plus grand homme dans ses défauts, croient même que ce n'est
pas un crime de désirer aller non seulement au delà de Newton,
mais de tous les hommes. J'en appelle au lecteur pour décider
si celui qui pense autrement peut être appelé philosophe ?... (¹)
Je ne prends rien pour accordé ; je ne crois pas qu'aucun écrivain soit infaillible. » (²)

De cette fierté, de cette indépendance d'esprit à l'égard des
philosophes et des savants, Berkeley, nous l'avons constaté, a
donné des preuves dans son *Journal*. Ce trait de son caractère
s'est de plus en plus accusé — et, trouvant devant lui des
savants d'un tour d'esprit positif et négateur, sur la fin de sa
carrière, il a défendu contre eux, la liberté de croire. Avec la
Défense, cesse la longue querelle préparée dès le *Commonplace
Book*, portée une première fois devant le public de son temps,
dans quelques chapitres des *Principes*, reprise enfin avec éclat,
après un intervalle de vingt-cinq ans, dans l'*Analyste*. Cette
partie de son œuvre , répond comme les autres à une préoccu-
pation de sa vie entière et que nous retrouvons exprimée dans
le dernier passage du *Commonplace Book* : « Toute l'œuvre dirigée vers la pratique et la morale. »

2. — Le **Commonplace Book** (1705) et la **Siris** (1744)

Le *Commonplace Book* et la *Siris* marquent les deux points
extrêmes, le point de départ et le point d'arrivée de Berkeley
dans sa carrière philosophique. Il existe, comme on peut s'y

---

(1) *Defence*, s. 15.
(2) *Ibid.*, s. 19.

attendre, un contraste frappant entre le cahier de notes de Trinity College et le dernier ouvrage publié du vivant de l'auteur, fruit des lectures et des méditations de sa vieillesse.

Notre premier devoir est de relever les différences les plus saillantes ; nous rechercherons ensuite les analogies entre le *Commonplace Book* et la *Siris* (¹)

1° Si nous exceptons un ou deux passages où Berkeley paraît hésiter entre Descartes et Locke (²), le sensualisme domine nettement dans le *Commonplace Book* : l'auteur réagit contre Descartes, essaie de réhabiliter la connaissance sensible. Les sens ne nous trompent pas. Ils font connaître tout ce que nous pouvons savoir des choses extérieures. Il n'y a rien de réel, en dehors des sensations. Il n'y a pas de substance matérielle inconnue. Descartes nous met en garde contre les erreurs des sens. Berkeley nous invite à prendre les sens pour guides.

L'esprit lui-même n'est qu'un amas de perceptions. Enlevez ces perceptions et l'esprit disparaît.

Enfin le plaisir est le souverain bien et doit être recherché du sage. Combien les mathématiciens ont tort de mépriser les sens !

En même temps, Berkeley laisse percer son mépris pour l'intellect pur, contre les *eternae veritates*. Il aboutit ainsi au phénoménisme.

Dans la *Siris* au contraire, l'expérience sensible n'est regardée que comme la première étape de l'esprit vers la connaissance intellectuelle des choses. Les sens ne nous donnent que l'ombre de la réalité que l'esprit peut atteindre en s'élevant à la contemplation des principes universels de l'intelligence, des Idées divines.

« Les sens d'abord assiègent l'esprit. Les apparences sensibles sont tout en tous ; nous raisonnons sur les sens ; nous limitons

(1) Cf. G. Lyon, *Idéalisme anglais au XVIIIᵉ siècle*, où l'auteur établit un parallèle entre la philosophie des *Principes* et celle de la *Siris*. Cf. aussi Fraser, Life of Berkeley, vol. IV, p. 296, éd. 1871.

(2) *Cmpl. Book*, p. 27.

nos désirs aux sens ; nous ne nous occupons pas des réalités et des causes, jusqu'au moment où l'aurore de l'intelligence apparaît et éclaire ce paysage obscur. Nous apercevons alors le vrai principe d'unité, d'identité et d'existence. Les choses qui d'abord nous semblaient constituer le tout de l'Etre, ne sont plus que de vains fantômes. (section 294).

« De la forme extérieure de touts grossiers, l'observateur pénétrant passe à la structure intérieure et aux corpuscules, et des mouvements naturels aux lois de ces mouvements...... Ce travail est le but de l'expérimentateur, du physicien qui veut utiliser les forces de la nature et réduire les phénomènes à des règles.

« Mais si, poussant plus loin ses recherches, il s'élève du monde sensible au monde intelligible, il contemple les choses dans un nouvel ordre et sous un nouvel aspect ; il change de système et s'aperçoit que ce qu'il prenait d'abord pour des substances et des causes, n'est plus que des ombres flottantes, que l'esprit enferme tout, est l'auteur de tout, et constitue pour tous les êtres créés, la source de l'unité, de l'identité, de l'harmonie, de l'ordre et de la stabilité. (section 295).

« Les sens et l'expérience nous font connaître le cours et l'analogie d'apparences ou d'effets naturels ; la pensée, la raison, l'entendement, nous font pénétrer dans la connaissance de leurs causes. Quoique les apparences sensibles soient de nature changeante, instable et incertaine, comme elles ont d'abord occupé notre esprit, elles rendent, grâce à cette prévention première, la tâche de la pensée plus ardue..... Elles sont préférées dans l'opinion de la majorité des hommes à ces principes supérieurs qui croissent tardivement dans l'esprit de l'homme arrivé à sa pleine maturité et perfection.

« Le sensible et le réel sont jugés une seule et même chose par les esprits ordinaires, quoiqu'il soit sûr que les principes de la science ne sont objets ni des sens ni de l'imagination. (¹)

---

(1) Cf. aussi sections 304, 305, où l'auteur distingue entre l'opinion et la science, d'après Platon, et 348, 349, où il traite de l'idée de devenir, de la connaissance sensible et intelligible.

« L'intellect et la raison sont nos seuls guides vers la vérité. »
(sect. 264.)

2° Une des conséquences du *Principe* proclamé dans le
Commonplace Book, de ce principe simplificateur des sciences,
d'après lequel toute existence consiste à percevoir, ou à être
perçu, et par suite toute réalité véritable est réservée à l'esprit,
c'est qu'il n'y a pas d'intermédiaire entre Dieu et l'homme, les
idées perçues par chaque esprit fini, formant une sorte de discours cohérent, véritable langage de la Divinité prévoyante. De
là les théories du symbolisme visuel dans l'*Essai sur la vision*
et dans l'*Alciphron*. Dieu nous parle par chacune de nos sensations : il est visible dans chaque phénomène. Il n'y a pas de
place pour les causes secondes dans ce système, où l'on rend
manifeste le voisinage et l'omniprésence de Dieu. » [1]

Or tout cela change dans la *Siris*. Soit que Berkeley se préoccupe de l'enchaînement des phénomènes naturels, abandonnés
au vouloir divin dans sa première doctrine, soit qu'il se laisse
entraîner à ses spéculations de métaphysique platonicienne, il
croit avoir découvert, ou retrouvé, un intermédiaire entre
l'Agent Suprême et la Nature : ce medium, est le feu intellectuel. Chose curieuse ! Il avait écarté cette même cause instru-
mentale, dans une note du *Commonplace Book*. « Anima mundi,
forme substantielle, feu original, omniscient ; vertu plastique,
principe hylozoïque, tout cela s'évanouit. » [2] Or voici que tout
cela renaît à propos des vertus merveilleuses de l'eau de
goudron.

« Cet éther, ou ce feu pur et invisible, le plus subtil et le plus
élastique de tous les corps semble pénétrer tout le système de
l'univers.

« Si l'air est l'agent ou l'instrument immédiat dans les phénomènes naturels, c'est le feu pur et invisible qui est le premier

---

(1) *Cmpl. Book*, dernière note, pp. 92, 17, etc.

(2) *Ibid.*, p. 31. Cf. aussi *Alciphron* (L. VI, s. 14), où il est question du
feu créateur.

moteur naturel d'où l'air tire son pouvoir. Cet agent puissant
est toujours près de nous, prêt à agir, s'il n'était gouverné par
la plus grande sagesse. Etant toujours agité et en mouvement,
il vivifie la masse visible toute entière, est également propre à
produire et à détruire ; il distingue les divers degrés dans la
marche de la nature, entretient un ordre perpétuel de généra-
ration et de corruption, étant rempli de formes qu'il produit
et résorbe sans cesse. Il est si rapide dans ses mouvements,
si subtil et si pénétrant, si universellement agissant, qu'il ne
paraît pas autre chose que l'âme| végétative ou l'esprit vital du
monde. » (sect. 152)

Il ne faudrait pas se méprendre sur la nature véritable de ce
feu intelligent : ce n'est pas, à proprement parler, une cause, au
sens philosophique du mot. Fidèle à sa doctrine générale, Berkeley réserve en effet la causalité aux esprits.

« Il n'y a pas de preuve d'une cause corporelle ou mécanique
étendue qui soit réellement et proprement agissante et le mouvement lui-même n'est qu'une passion. Voilà pourquoi, bien que
je parle d'une substance active, le feu, il faut supposer seulement que c'est un instrument, ce qui est vrai de toutes les causes mécaniques quelles qu'elles soient... Lors donc que nous
parlons de force, de pouvoir, vertu, ou d'action, comme existant
dans des êtres étendus, ou corporels, ou mécaniques, cela ne
doit pas être pris dans un sens vrai, naturel et réel, mais seulement dans la triviale acception populaire qui s'attache aux apparences et ne remonte pas jusqu'aux premiers principes des
choses. (sect. 155).

« Sans causes instrumentales ou secondes, il ne pourrait y
avoir de cours régulier de la nature et, sans régularité, la nature ne pourrait jamais être comprise... Aussi, dans le gouvernement de l'univers, les agents physiques, improprement appelés ainsi, ou causes mécaniques, secondes, instrumentales, sont
nécessaires, pour aider, non le gouverneur, mais le gouverné. »
(sect. 160)

« ... Dans le système du monde, un esprit préside, mais la
cause immédiate qui meut ou anime toutes ses parties, est le feu
pur élémentaire ou esprit du monde. La partie la plus fine et la
plus subtile, ou esprit, est supposée recevoir les impressions du

premier Moteur et les communiquer aux parties plus grossières de ce monde sensible. (sect. 161).

« Un feu puissant gouverne tout sans bruit. Ce que nous nommons *chaud*, dit Hippocrate, me paraît quelque chose d'immortel, qui comprend tout, voit et connaît le présent et l'avenir. » (sect. 174).

3° Berkeley aborde le problème de l'origine des idées et adopte une position intermédiaire entre l'empirisme et le réalisme :

Il se rallie à l'innéité de l'intelligence elle-même.

Nihil est intellectu quod non prius fuerit in sensu, nisi ipse intellectus.

On se souvient que dans sa première philosophie, il n'avait admis que la sensation, les idées, dans la formation de l'esprit.

On peut mesurer le chemin parcouru du *Commonplace Book* à la *Siris* par le passage suivant de ce dernier ouvrage :

« Ce philosophe (Aristote) croyait que l'esprit de l'homme est une table rase et qu'il n'y a pas d'idées innées. Platon, au contraire, croyait à ces idées premières, c'est-à-dire à des idées qui ne sont et ne peuvent jamais être données par les sens, telles que les idées d'être, de beau, de bon, de semblable, d'égal. Quelques personnes, peut-être, croiront que la vérité est celle-ci : qu'il n'y a strictement pas d'idées, ou objets passifs dans l'intelligence autres que celles qui dérivent des sens, mais qu'il y a aussi outre ces idées, les actes, opérations propres de l'esprit, telles sont les notions. » (¹) (sect. 308).

Du rapprochement que nous venons de faire, il résulte que les différences fondamentales que l'on peut établir entre le Berkeley de 1705 et celui de 1744 se réduisent à celles que nous avons énumérées. Un fait essentiel se dégage de cette comparaison : l'esprit de notre philosophe a évolué du sensualisme de Locke au rationalisme de Platon.

Rien n'est plus aisé que d'apercevoir ces différences : il suffit de lire quelques pages au hasard pour les constater.

_____

(1) *Siris*, sect. 308-310.

Il nous reste une tâche plus délicate à accomplir : c'est de suivre jusque dans cette exposition finale du système les doctrines de jeunesse qui sont restées dans la *Siris*. Car il y a des points de contact nombreux entre cette œuvre de maturité, les *Principes* et le *de Motu* et, par suite, entre elle et l'opuscule dont nous achevons l'étude.

Ce serait en effet une erreur de croire que Berkeley a renié ses théories favorites. Nous avons montré ce qu'il y avait de nouveau dans la *Siris* : il s'agit de retrouver maintenant ce qui persiste, ce qui n'a pas subi de changement. Nous prouverons ainsi que le lien qui rattache la philosophie de jeunesse à la philosophie de l'âge mûr, n'a pas été rompu. Nous atteindrons ce but, sans forcer le sens des mots, sans analogies trompeuses; nous suivrons la méthode que nous avons appliquée dès le début de ce travail qui consiste à faire parler Berkeley lui-même.

1° Une des grandes préoccupations de notre philosophe, dès ses premiers écrits, a été d'écarter, de ruiner même, toute idée de substance matérielle, incréée et indépendante de l'esprit, de nier l'espace et le mouvement absolus, et de ne reconnaître qu'une réalité, un agent véritable, l'esprit.

Le philosophe de la *Siris* n'a point abandonné ces doctrines, seulement il produit le témoignage des anciens en leur faveur (¹). « Ni Platon, ni Aristote n'entendaient par matière, une substance corporelle, quel que soit le sens que les modernes donnent à ce mot. » (²)

« Suivant ces philosophes la matière n'est que *pura potentia*, une simple possibilité. (³)

« Puisque la matière est conçue comme privation et simple possible, puisque Dieu est la perfection et l'action absolues, il suit de là qu'il existe la plus grande distance et opposition imaginables entre Dieu et la matière. (⁴)

---

(1) *Siris*, sect. 311, 312, 317, 318, 319.
(2) *Ibid.*, s. 317.
(3) *Ibid.*, s. 318.
(4) *Ibid.*, s. 319.

« En ce qui concerne l'espace absolu, on fait observer, dans le *Dialogue Asclépien,* que le terme espace, ou lieu, n'a pas de sens par lui-même, et Plotin ne reconnaît d'autre lieu que l'âme ou l'intelligence, car il affirme expressément que l'âme n'est pas dans le monde, mais que le monde est dans l'âme. (¹)

« A l'égard de l'espace absolu, ce fantôme des philosophes physiciens et géomètres, il suffit d'observer qu'il n'est perçu par aucun sens, prouvé par aucune raison, et par suite qu'il était considéré par les plus grands philosophes anciens comme chose purement visionnaire. De l'idée d'espace absolu naît l'idée de mouvement absolu et sur ces idées se fondent les notions d'existence extérieure, d'indépendance, de nécessité et de fatalité. (²)

« Consultons nos propres idées et notre raison, aussi bien que l'expérience, sur l'origine du mouvement et la nature, les propriétés, les différences respectives de l'âme et du corps, et l'on s'apercevra clairement, si je ne me trompe, qu'il n'y a rien d'actif dans ce dernier. (³)

« Sir Isaac Newton demande si les particules des corps ne possèdent pas certaines forces ou pouvoirs, par lesquels elles agissent les unes sur les autres ainsi que sur les particules de lumière, pour reproduire la plupart des phénomènes naturels. Mais, en réalité, ces particules ne sont mûes que par certaines lois naturelles, par quelque autre agent où réside la force qui n'est pas en elles-mêmes, parce qu'elles-mêmes n'ont que le mouvement : ce mouvement dans le corps mû, les péripatéticiens le jugent avec raison comme une simple passion, alors que le moteur est la source de l'action. (⁴)

« Bien que des fantômes tels que les forces corporelles, le mouvement absolu, l'espace réel, passent en physique pour des causes réelles, ils ne sont vraiment que des hypothèses et ne peuvent être l'objet de vraie science (⁵)... »

---

(1) *Siris,* sect. 270.
(2) *Ibid.,* s. 271.
(3) *Ibid.,* s. 248.
(4) *Ibid.,* s. 250
(5) *Ibid.,* s. 293.

2° Nombreux sont les passages de la *Siris* où nous pouvons entendre, comme dans ceux qui précèdent, un écho des *Principes* et du *de Motu*, sur la passivité de la matière et l'inefficacité des causes physiques. Non moins nombreux sont ceux où l'esprit est considéré comme le seul agent véritable. C'est la contre-partie de la théorie, la partie constructive. Cette dernière est prédominante dans la *Siris* : on dirait que, prenant pour accordés les résultats de la discussion dans ses ouvrages antérieurs, auxquels il se contente parfois de renvoyer le lecteur, Berkeley donne libre carrière à son idéalisme, et n'envisage plus que ce qu'il regarde comme la réalité dernière, l'esprit fini ou l'esprit divin. La matière est passive, et toute passivité est imperfection. Il n'y a aucune imperfection en Dieu, esprit pur, qui ne connaît rien par les sens, mais par l'intellect. Est-ce que Berkeley n'avait pas auparavant repoussé l'idée d'attribuer l'étendue à Dieu, comme une hypothèse dangereuse et contradictoire ? (¹)

Dieu ne peut être qu'un esprit (²) ; il est aussi le Moteur suprême (³), le premier Agent. « La force qui produit, l'intelligence qui ordonne, la bonté qui parfait toutes choses, est l'Etre Suprême. » (⁴)

Enfin il est immanent au monde, tout en étant distinct du monde (⁵). « Aristote déclare que la force ou influence divine, pénètre l'univers entier : ce que le pilote est dans le navire, le conducteur dans le chariot, la loi dans la cité, le général dans l'armée, Dieu l'est dans le monde » (⁶). Mais il faut expliquer la pénétration de l'univers par Dieu au moyen de la force et non de l'étendue. (⁷)

3° Le monde est soumis à la volonté divine ; mais cette volonté est raisonnable et ne dépend pas du caprice. Elle a établi des

---

(1) *Cmpl. Book*, p. 52.
(2) *Ibid.*, p. 10 ; *Siris*, sect. 320, 321, etc.
(3) *Siris.*, s. 291
(4) *Ibid.*, s. 320.
(5) *Ibid.*, s. 324 et 330. — *Cmpl. Book*, dernière note. — *Alciphron*, L. IV, etc.
(6) *Ibid.*, s. 328.
(7) *Ibid.*, s. 239.

lois générales, un cours de la nature, qui permet aux esprits finis, de prévoir les effets naturels des phénomènes.

« La nature, dit le *Commonplace Book*,([1]) n'est que l'ordre des choses établi par la libre volonté de Dieu. D'après mes principes, il y a une *rerum natura*. ([2]) — Un agent incorporel, relie, meut, dispose tout suivant les règles et les fins qui lui paraissent bonnes, répond le philosophe de la *Siris* ; on ne sait pas quelles sont les autres différentes règles ou lois du mouvement qui auraient pu être établies par l'Auteur de la nature. » ([3])

Malgré cette contingence relative du monde sensible, il y a des lois qui, « si elles n'étaient fixes et constantes, cesseraient d'être des lois. C'est pourquoi il y a dans les choses une certaine constance appelée le cours de la nature.» ([4])

Nous pouvons nous borner à ces différences et à ces analogies essentielles entre le *Journal* de jeunesse et la *Siris*. Nous pourrions aisément faire porter le parallèle sur d'autres points secondaires et noter, en terminant, les différences de forme et de ton qui frappent l'esprit du critique, au premier abord. On verrait comment l'amour des spéculations métaphysiques, critiqué dans le *Journal* inspire le philosophe dans la *Siris*, comment il en est arrivé à repousser l'opinion de la foule à laquelle il se ralliait autrefois ; comment enfin le sens du mystère de la nature, le sentiment de la faiblesse de l'intelligence humaine, lui ont fait perdre l'assurance fière de sa jeunesse et sa confiance excessive dans le « Principe. »

Mais pendant que nous multiplierions ainsi les différences, nous perdrions de vue les points de contact entre les deux œuvres.

----

(1) *Cmpl. Book*, p. 49 et 58.

(2) *Ibid.*, p. 83.

(3) *Siris.*, sect. 237 et 235.

(4) *Ibid.*, s. 234.

Depuis le *Commonplace Book*, Berkeley n'a rien oublié des théories de jeunesse, mais il a beaucoup appris, il a présent à l'esprit, ce qu'il a écrit autrefois, mais il le domine, il le rectifie, il le complète. Il l'atténue parfois, car il est plus calme, et la sérénité de la vieillesse a remplacé l'enthousiasme des jeunes années.

CONCLUSION

——

En résumé, le *Commonplace Book* est un ensemble de notes présentant un grand intérêt et que l'on peut classer en deux groupes distincts : 1° Les remarques proprement scientifiques, surtout de mathématiques et d'optique. Ce groupe occupe une grande partie du cahier ; c'est une sorte de brouillon de la *Théorie de la Vision*. Tantôt le jeune étudiant fixe le résultat de ses réflexions sur l'invisibilité de la distance, sur le cas de l'aveugle-né, sur les angles optiques. Tantôt, dans ses remarques sur les mathématiques et les mathématiciens, il envisage des problèmes particuliers tels que : la quadrature du cercle, la nature des lignes et du point, les infinitésimaux ; ou bien, comprenant qu'il aura les mathématiciens pour adversaires, il prévient l'attaque, en examinant les notions fondamentales sur lesquelles ils s'appuient. Cette critique de leurs méthodes, dégénère alors en satire très vive contre le dogmatisme et l'orgueil des savants.

2° Le second groupe des notes du *Journal* est constitué par des notes philosophiques ; il a trait à toutes les questions qui intéressaient alors les esprits en matière philosophique. A travers les idées nombreuses que relève le jeune philosophe dans ses lectures quotidiennes de Descartes, Malebranche et Locke, les trois auteurs le plus souvent cités[1], une idée

———

(1) Le nom de Locke revient presque à toutes les pages. Après Locke, Descartes et Malebranche sont le plus souvent cités, tandis que Spinoza l'est à trois reprises (pp. 52, 53, 54,) Leibuiz (p. 85) et Bayle (p. 9,) une seule fois.
Cf. l'index des auteurs cités à la fin de notre traduction du *Cmpl. Bk.*

originale naît, s'affirme et se développe, c'est la conception nouvelle de l'idée d'existence dont il revendique la découverte et qui est la base de ce qui est désigné dans le *Journal* sous le nom de « Principe », De cette conception, dont la vérité pour lui ne fait pas de doute, il tire déjà les conséquences logiques, en l'appliquant à l'idée abstraite de matière et à la connaissance sensible en général. Il croit être parvenu à chasser toute idée de substance matérielle, ce grand obstacle à la toute-puissance de Dieu. Ce système est l'immatérialisme.

Si le philosophe du *Commonplace Book*, trop absorbé par la découverte de ce principe nouveau, ne se préoccupe pas encore assez de trouver le moyen d'échapper au subjectivisme radical de son système, il entrevoit du moins le rôle essentiel de l'esprit, considéré comme la cause véritable des phénomènes. Rien n'existe en dehors de ce qui perçoit ou est perçu, rien n'est actif que la volonté : d'où toute réalité et toute causalité reviennent à l'esprit. Cette source cachée des phénomènes, la volonté, est inconnaissable, dit le *Commonplace Book*. Nous ne pouvons avoir l'idée que des choses sensibles. L'auteur des *Principes* dira plus tard que nous pouvons avoir des notions des opérations de notre esprit. Le métaphysicien de la *Siris*, enfin, dédaignant la connaissance phénoménale, élèvera au-dessus de tout, les opérations de l'esprit divin, en la volonté duquel résident les lois contingentes du monde sensible.

Nous avons poursuivi le rapprochement de chacune des productions de Berkeley, avec le *Commonplace Book*, dans l'ordre de leur publication, et nous avons pu prouver que les matériaux qu'il contient sont tout préparés pour les ouvrages futurs.

En lisant l'opuscule tout entier, on pourra se convaincre que nous n'en avons pas exagéré l'importance ; que non-seulement la première philosophie de Berkeley, celle de l'*Essai*, des *Principes*, des *Dialogues* et du *de Motu*, s'y trouve en germe, mais que tels arguments, telles formules, revêtent parfois la même forme dans le *Journal* que dans le *Traité*. Il n'y a pas lieu de s'en étonner, si l'on se rappelle l'époque à laquelle ces notes ont été prises.

La première page porte en effet la date 1705. Comme Berkeley a continué de rédiger son *Journal* pendant trois ans environ, les dernières notes n'ont précédé que de peu de temps l'*Essai sur la vision* qui est de 1709 et le *Traité des Principes* qui a été publié en 1710.

Non-seulement nous nous sommes efforcé de discerner dans le *Commonplace Book*, les grandes lignes de la philosophie des *Principes*, mais aussi le systéme de morale utilitaire qui, ébauché dans le *Discours sur l'obéissance passive*, est complètement développé dans l'*Alciphron*, l'*Analyste* ou la *Défense de la libre pensée en mathématiques*. Dans tous ces ouvrages de la jeunesse ou de l'âge mûr nous avons retrouvé les liens qui les rattachent au *Cahier de notes* de 1705.

Poussant plus loin les investigations, nous sommes allé chercher jusque dans la *Siris* les éléments d'un parallèle qu'on ne trouvera sans doute pas aventureux entre cette production de vieillesse et le *Commonplace Book*, en insistant tour à tour sur les dissemblances et les analogies qui se présentent entre la première et la dernière expression de la pensée Berkeleyenne.

Nous nous plaisons à espérer qu'à travers notre traduction et nos analyses, quelque insuffisantes qu'elles soient, on ne manquera pas de retrouver ce qui constitue le fond de cette pensée si élevée, si propre à soutenir les plus nobles aspirations de l'âme humaine : une force mystérieuse, mais intelligente et consciente, produisant les phénomènes et les ordonnant à son gré, ou plutôt d'après les principes universels de la raison, puisque la volonté et l'entendement sont unis dans la Cause suprême; le monde sensible offert par le Créateur à ses créatures comme un magnifique discours dont elles cherchent à découvrir le sens ; un vaste symbolisme derrière lequel se voile l'Etre véritable, seul agent, seule cause ; l'univers tout entier soumis à l'influence de la toute-puissance divine qui est en même temps la bonté infinie, telle est la solution du problème métaphysique proposée par Berkeley.

Il n'y en a peut-être pas de plus consolante et de plus belle. Cette solution est assurément des plus ingénieuses, et si les données en étaient contestées, si on ne voulait pas admettre certains principes essentiels, ce qui ne serait pas sans péril pour la doctrine elle-même, on ne pourrait du moins refuser de reconnaître, que le problème lui-même et les difficultés qu'il soulève, forment un admirable stimulant de la pensée.

JOURNAL PHILOSOPHIQUE DE BERKELEY

"COMMONPLACE BOOK"

───

TRADUCTION (¹)

───

1. Question : N'y a-t-il pas deux sortes d'étendue visible, l'une confuse, l'autre perçue par le mouvement distinct, successif, de l'axe optique vers chaque point ?

2. Pas d'idées générales. Le contraire cause d'erreur et de confusion dans les mathématiques. A déclarer dans l'Introduction.

3. Le Principe peut être appliqué aux difficultés de conservation, de coopération, etc.

(p. 420.) — 4. Il est puéril de la part des physiciens de rechercher la cause des attractions magnétiques. Leur recherche ne porte que sur des idées coexistantes.

5. *Quæcumque in Scriptura militant adversus Copernicum, militant pro me.*

6. Tout ce qui, dans les Ecritures, est en faveur de l'opinion vulgaire contre les savants, est aussi en ma faveur. Je suis en toutes choses du côté de la foule.

7. Je sais que je serai combattu par une secte puissante, mais je peux espérer d'être soutenu par ceux dont l'esprit est moins atteint de folie. Ce sont de beaucoup les plus nombreux ,

●

───

(1) **Les chiffres en caractères gras** placés à gauche des paragraphes indiquent la pagination de l'édition de 1871. La pagination de l'édition de 1900 est indiquée à la fin des paragraphes. (Berkeley, *Œuvres complètes*, éd. Fraser, vol. I).

Les numéros des paragraphes ont été ajoutés.

en particulier les moralistes, les prêtres, les politiques, en un mot, tous, sauf les mathématiciens et les physiciens. Je ne veux désigner par là que les partisans de l'hypothèse. Car les amis de la philosophie expérimentale ne trouveront rien à reprendre dans mes principes. (p. **8**)

8. Newton prend ses principes pour accordés : je démontre les miens.

9. Il me faut bien expliquer ce que signifient : choses existantes, dans les maisons, les appartements, les champs, les grottes; quand elles sont perçues ou non perçues et montrer comment la notion vulgaire est d'accord avec la mienne, quand nous examinons de près le sens et la définition du mot existence, lequel n'est pas une idée simple distincte de l'idée de percevoir ou d'être perçu.

10. Les scolastiques s'attachent à de belles questions, mais ils les traitent mal. Les mathématiciens prennent des sujets insignifiants sur lesquels ils font des raisonnements admirables. Assurément leur méthode et leur argumentation sont excellentes.

11. Dieu sait combien notre connaissance des êtres intelligents peut être accrue par les Principes.

12. Le contraire du Principe a été, à mon avis, la source principale de tout le scepticisme, de toute la folie, de toutes les contradictions, de toutes les difficultés inextricables qui furent, de tout temps, la honte de la raison humaine, autant que de cette idolâtrie, de cette soif de l'or qui aveugle la plupart des hommes, ou de cette dégradante immoralité qui nous change en bêtes.

13. תדה *vixit et fuit*

14. οὐσία. Terme indiquant la substance employé par Aristote et les Pères de l'Eglise.

(p. **421**.) — 15. Si nous rendons les mathématiques à la fois plus faciles et plus exactes, que peut-on nous objecter ?

16. Il est inutile de forcer l'imagination à concevoir de si petites lignes comme infinitésimales. (p. **9**).

Elles peuvent être en tout point imaginées grandes ou petites, puisque l'intégrale doit être infinie.

17. Il est évident que ce qui possède un nombre infini de parties doit être infini.

18. Nous ne pouvons imaginer une ligne ou un espace infiniment grands; il est donc absurde d'en parler et de faire des propositions à ce sujet.

19. Nous ne pouvons imaginer une ligne, un espace, etc. *quovis lato majus*, puisque ce que nous imaginons doit être, *datum aliquod*; une chose ne peut être plus grande qu'elle-même.

20. Si vous appelez infini ce qui est plus grand que tout ce qu'une autre quantité peut mesurer, je dis alors qu'il peut y

avoir, dans ce sens un carré, une sphère, ou tout autre figure infinie, ce qui est absurde.

21. Question. Peut-on réduire l'étendue à des points en lesquels elle ne consiste pas ?

22. Pas de raisonnement sur les choses dont nous n'avons aucune idée : donc pas de raisonnement sur les infinitésimaux.

23. Ne pas employer de terme sans idée (correspondante).

24. Si le malaise est nécessaire pour mettre la volonté en mouvement, comment pourrons-nous vouloir au ciel ?

25. Les arguments de Bayle, Malebranche, etc., ne semblent rien prouver contre l'espace, mais seulement contre les corps.

26. Je ne suis sur aucun point d'accord avec les Cartésiens au sujet de l'existence des corps et de leurs qualités.

27. Aristote n'est pas inférieur à Euclide ; mais on a reconnu qu'il s'est trompé.

28. Les lignes sont impropres aux démonstrations.

29. Nous voyons la maison elle-même, l'église elle-même, cela étant une idée, rien de plus. La maison en soi, l'église en soi, c'est une idée, c'est-à-dire un objet, objet immédiat de pensée.

p. **422.** — 30. Au lieu de nuire à la géométrie, notre doctrine lui rend de grands services.   (p. **10**)

31. L'existence consiste à percevoir ou à être perçu (ou bien à vouloir, c'est-à-dire agir). Le cheval est dans l'écurie, les livres dans le cabinet d'étude, comme auparavant.

32. J'entrevois en physique un grand nombre de questions solubles par ce moyen, mais le loisir me manque.

33. Les hyperboles (?) et d'autres choses inexplicables confirment ma doctrine,

34. L'angle n'est pas bien défini. Voy. Pardies' *Geometry*, par Harris, etc., sujet unique de recherches puériles.

35. Une idée n'est pas la cause d'une autre idée, un pouvoir n'est pas la cause d'un autre pouvoir. La cause de tous les phénomènes de la nature est Dieu seul Il est puéril de rechercher des causes secondes. Ma doctrine donne une idée très juste de la Divinité.

36. Il est absurde d'étudier l'astronomie et autres sciences semblables en tant que sciences spéculatives.

37. L'explication absurde de la mémoire par le cerveau est favorable à mes principes.

38. Comment la lumière a-t-elle été créée avant l'homme ? De la même manière que les corps furent créés avant l'homme.

39. Il est impossible que rien existe en dehors de ce qui pense et de ce qui est pensé.

40. Ce qui est visible ne peut être formé de choses invisibles.

41. La matière sensible est celle qui ne contient pas de parties sensibles percevables. Or, comment ce qui n'a pas de parties sensibles peut-il être divisé en parties sensibles? Si vous dites que cette matière peut être divisée en parties non sensibles, je dis que ce sont des riens.

42. L'étendue, abstraction faite des qualités sensibles, n'est pas une sensation, je l'accorde. Mais alors une telle idée n'existe pas, comme tout homme peut l'éprouver. Il ne reste plus qu'une considération du nombre des points, sans considération de leur espèce, et cela est plus favorable à ma doctrine, puisqu'une telle considération doit se trouver dans un sujet qui considère.

43. Avant d'avoir montré la distinction entre l'étendue visible et l'étendue tangible, je ne dois pas les donner comme distinctes. Ne pas parler de matière tangible et de matière visible, mais de matière sensible en général. (p. 11)

44. Question : la matière visible a-t-elle une couleur? La matière tangible a-t-elle quelque qualité tangible?

45. Si l'étendue visible est l'objet de la géométrie, c'est celle qui est parcourue par l'axe optique.

46. Je puis dire que la douleur est dans le doigt, etc., d'après ma théorie.

(p. **423**.) — 47. Discuter avec précision ce que nous entendons dire quand nous disons qu'une ligne consiste en un certain nombre de pouces, de points, etc. Certainement nous pouvons penser à un cercle, en avoir l'idée dans l'esprit, sans penser à des points, à des pouces carrés, vu qu'il semble que l'idée d'un cercle ne soit pas faite des idées de points, de pouces carrés, etc.

48. Par les expressions précédentes, veut-on signifier autre chose que ceci : des carrés ou des points peuvent être perçus dans un cercle ou tirés d'un cercle, etc., ou encore, des carrés et des points, etc., s'y trouvent actuellement, c'est-à-dire peuvent y être perçus?

49. Une ligne abstraite, ou distance, est le nombre de points (qui existe) entre deux points. Il y a aussi une distance entre un esclave et un empereur, un paysan et un philosophe, entre une drachme et une livre, un farthing et une couronne; dans tous ces cas, la distance désigne le nombre d'idées intermédiaires.

50. La doctrine de Halley sur la proportion (qui existe) entre deux quantités infiniment grandes s'évanouit.

Quand nous parlons de quantités infinies, ou bien nous entendons par là des quantités finies, ou bien nous voulons parler de (ce dont nous n'avons [1]) aucune idée, ce qui est absurde.

51. Si nous blâmons les discussions des scolastiques en tant qu'inextricables, insignifiantes et confuses, il faut pourtant reconnaître que les sujets qu'ils traitaient, étaient, dans leur ensemble, des sujets élevés et importants. (p. **12**.)

Si nous admirons la méthode et la pénétration des mathématiciens, la longueur, la subtilité, l'exactitude de leurs démonstrations, nous sommes néanmoins forcés de convenir qu'elles ne portent, la plupart, que sur des questions frivoles et peut-être même sur rien.

(p. **424**). — 52. Le mouvement, à la réflexion, paraît être une idée simple.

53. Le mouvement distinct de l'objet mû n'est pas concevable.

54. Remarquer la définition donnée du mouvement par Newton ; noter aussi la prudence de Locke qui néglige de le définir.

55. De même que l'ordre des parties du temps est immuable, ainsi l'ordre des parties de l'espace est aussi immuable. Que ces dernières soient changées de place, et elles seront mûes, pour ainsi dire, d'elles-mêmes. En réalité, le nombre est incommensurable : nous l'admettons avec Newton.

56. Demandez à un Cartésien s'il a l'habitude de se représenter ses globules sans couleur. La transparence est une couleur. La couleur de la lumière ordinaire du soleil est blanche. Newton a raison d'attribuer des couleurs aux rayons lumineux.

57. Un aveugle-né ne s'imaginerait pas l'espace comme nous. Nous lui donnons toujours quelque couleur diffuse, grise ou sombre. En un mot nous imaginons l'espace visible ou introduit par l'œil, ce que l'aveugle-né ne ferait pas.

58. Ils portent atteinte aux Saintes-Ecritures ceux qui parlent de ces termes (temps, espace, mouvement) comme de quantités mesurées. Newton, p. 10.

59. Je diffère de Newton en ce que je crois que le recul *ab axe motus* n'est pas l'effet, l'index, la mesure du mouvement, mais de la force appliquée.

Ce recul ne montre pas ce qui est vraiment mû, mais ce qui subit la force appliquée, ou plutôt ce qui possède une force appliquée.

_____

(1) « Il n'était pas nécessaire de rayer ces mots ; c'est le simple bon sens, si nous déterminons ce que nous entendons par *chose* et *idée*. » (Note de l'auteur sur une page blanche du manuscrit).

60. D et P ne sont pas proportionnels dans tous les cercles. dd est à $^1/_4 \, d \, p$ comme d est à $\frac{p}{4}$; mais d et $\frac{p}{4}$ ne sont pas dans la même proportion dans tous les cercles. D'où il s'ensuit qu'il est absurde de rechercher les termes d'une proposition générale destinée à rectifier toutes les périphéries ou à faire la quadrature de tous les cercles.

N. B. 61. Si la quadrature du cercle se fait par l'arithmétique, elle peut aussi se faire par la géométrie, l'arithmétique ou les nombres n'étant autre chose que les lignes ou proportions de lignes appliquées à la géométrie.

(p. **425**.) — 62. Ecrire quelque remarque sur Cheyne ([1]) et sa doctrine des infinies. (p. **13**.)

63. L'étendue, le mouvement, le temps contiennent chacun l'idée de succession et paraissent, dans cette mesure, dépendre des mathématiques. Le nombre consiste dans la succession et dans la perception distincte qui consiste aussi dans la succession, car les choses perçues à la fois sont confusément mêlées dans l'esprit. Le temps et le mouvement ne peuvent être conçus sans succession, et l'étendue, en tant que mathématique, ne peut être conçue que comme consistant en parties qui puissent être distinctement et successivement perçues. L'étendue perçue immédiatement, *in confuso*, n'est pas du domaine des mathématiques.

64. L'idée simple appelée pouvoir parait obscure ou plutôt inexistante et seulement une relation entre la cause et l'effet. Lorsque je demande si A peut mouvoir B, si A est un être intelligent, je veux dire seulement que la volonté de A que B soit mû, est accompagnée du mouvement de B.

65. L'argument de Barrow contre les indivisibles (*Lect.*, 1, p. 16.) est une pétition de principe, car la démonstration d'Archimède suppose que la circonférence se compose de plus de 24 points.

En outre, il est peut-être nécessaire de supposer la divisibilité à l'infini pour démontrer que le rayon est égal au côté de l'hexagone.

66. Montrez-moi un argument contre les indivisibles qui ne repose pas sur quelque fausse supposition.

67. Un grand nombre de parties non perceptibles, deux invisibles par exemple que vous réunissez deviennent visibles ; donc la matière visible contient des invisibles, est faite d'invisibles. Je réponds : la matière visible n'est pas composée d'invisibles. Tout revient à dire ceci : je n'avais aucune idée, il y a un instant, j'ai une idée maintenant. Il vous reste à prouver

---

(1) Auteur d'un traité sur les fluxions, publié en 1705.

que l'idée présente m'est venue parce que deux invisibles ont été réunis. Je prétends que les invisibles ne sont rien, ne peuvent pas exister, qu'il enferment une contradiction.

68. Je suis jeune ; je suis un parvenu prétentieux et vain, soit. Je m'efforcerai de supporter patiemment les épithètes les plus humiliantes et les plus injurieuses que l'orgueil irrité de l'homme puisse imaginer. Mais il y a quelque chose dont je ne suis pas coupable : je ne m'accroche pas à l'habit du premier grand homme venu. Je n'agis ni par préjugé, ni par prévention. Je n'adopte aucune opinion parce qu'elle est ancienne, remise en honneur, ou à la mode du jour, ou parce que j'ai passé beaucoup de temps à l'étudier ou à la cultiver.   (p. **14**).

(p. **426**.) — 69. Le bon sens, plutôt que la raison ou la démonstration, devrait être employé à propos des lignes et des figures, puisqu'elles sont perçues par les sens : car pour ce qui est de celles que vous appelez non perçues, nous avons prouvé leur absurdité, leur inexistence.

70. — Si je me sépare en quelques points d'un philosophe que je fais profession d'admirer, c'est en vertu du motif même pour lequel je l'admire : son amour de la vérité.

71. Chaque fois que mon lecteur me trouvera très affirmatif, je désire qu'il n'en prenne pas ombrage : je ne vois pas pourquoi la certitude serait réservée aux seuls mathématiciens.

72. Je dis qu'il n'y a pas de quantités incommensurables. Je dis que le côté d'un carré quelconque peut être déterminé par des chiffres. Vous m'ordonnez de fixer le côté du carré égal à 10. Je demande quel est ce 10 : 10 pieds, 10 pouces ou 10 points ? Si c'est le dernier cas, je conteste qu'il existe un tel carré : il est impossible que 10 points puissent composer un carré.

Si c'est le cas précédent, changez vos 10 pieds ou pouces carrés en points et le nombre de ces points doit nécessairement être un nombre au carré dont le côté est facile à déterminer.

73. On ne peut trouver une moyenne proportionnelle entre deux lignes quelconques. Elle ne peut se trouver qu'entre celles dont le nombre de points multiplié l'un par l'autre produit un nombre élevé au carré. Entre une ligne de 2 pouces, par exemple, et une ligne de 5 pouces, on ne peut trouver de moyenne proportionnelle, excepté si le nombre de points contenus dans 5 pouces est un nombre au carré.

74. Si l'esprit et le travail des savants nihilistes était appliqué à des mathématiques utiles et pratiques, quel profit en découlerait pour l'humanité !   (p. **15**).

75. Vous me demandez si les livres sont dans le cabinet de travail quand il n'y a personne pour les voir ? Je réponds : oui. Vous me dites : n'avons-nous pas tort d'imaginer que des choses existent, quand elles ne sont pas actuellement perçues par les sens ? Je réponds : non. L'existence de nos idées consiste dans le fait d'être perçues, imaginées, pensées. Toutes les fois

qu'elles sont imaginées ou pensées, elles existent. Toutes les fois qu'elles sont exprimées ou discutées, elles sont imaginées et pensées. Vous pouvez donc me demander à n'importe quel moment si elles existent ou non, mais en vertu de cette question même, elles doivent nécessairement exister.

76. Mais, direz-vous, une chimère existe-t-elle ? Je réponds : elle existe en un certain sens, si elle est imaginée. Mais il faut bien remarquer que le terme existence est vulgairement limité à la perception actuelle et que j'emploie le terme existence dans un sens plus étendu que d'ordinaire.

77. N. B. Suivant ma doctrine, toutes les choses sont *entia rationis* c'est-à-dire n'existent que dans l'entendement.

78. Suivant ma doctrine, tout n'est pas *entia rationis*. La distinction entre l'*ens rationis* et l'*ens reale* est conservée aussi bien que dans toute autre doctrine. (¹)

(p. **427**). — 79. Vous me demandez s'il peut y avoir une idée infinie. Je réponds : oui, en un certain sens. Ainsi la sphère visuelle, pour si peu étendue qu'elle soit, est infinie, c'est-à-dire n'a pas de fin. Mais si vous entendez par infini une étendue formée de points innombrables, dans ce cas, je vous demande pardon, les points, quel que soit leur nombre, peuvent être comptés. La multitude de points, de pieds, de pouces, n'empêche pas leur numérabilité, (ne les empêche pas d'être numérables) le moins du monde.

Un grand nombre de points, la plus grande partie, peuvent être comptés aussi bien qu'un petit nombre ou la plus petite partie. De même si par idée infinie vous entendez une idée trop grande pour être saisie ou perçue tout d'abord, il faut m'excuser, car je crois qu'un tel infini n'est rien moins que contradictoire.   (p. **16**.)

80. La sottise des doctrines courantes m'est très favorable. Les philosophes supposent communément un monde matériel (avec des figures, des mouvements, des grandeurs variées,) sans aucun but, de leur propre aveu. Toutes nos sensations peuvent exister et existent quelquefois réellement, sans ces intermédiaires, et nous ne pouvons même pas concevoir comment ils pourraient en aucune façon contribuer à les produire.

81. Demandez à un homme (je veux parler d'un philosophe,) dans quel but il suppose cette vaste structure, ce vaste assemblage de corps ? Le voilà arrêté net : il n'a pas un seul mot à répondre. Cela montre assez la folie de cette hypothèse.

82. Ou plutôt pourquoi suppose-t-il toute cette matière ?

Car pour ce qui est des corps et de leurs qualités, j'accorde qu'ils existent indépendamment de notre esprit.

---

(1) Note sur une page blanche du manuscrit.

83. Comment l'âme se distingue-t-elle de ses idées ?

S'il n'y avait pas d'idées sensibles, il ne pourrait pas y avoir d'âme, de perception, de souvenir, d'amour, de crainte, etc.; aucune faculté ne pourrait s'exercer.

84. L'âme est la volonté, à proprement parler, et en tant que distincte des idées.

85. Le grand et embarrassant problème du sommeil et de la veille facilement résolu.

86. Les *minima* visibles ou *minima* purs ne peuvent-ils pas être comparés dans leur disparition plus rapide ou plus lente, aussi bien que dans leur plus ou moins grand nombre de points, de manière qu'un sensible puisse être plus grand qu'un autre sensible, sans le dépasser d'un point ?

(p. **428**). — 87. Les cercles de plusieurs rayons ne sont pas des figures semblables, car ils n'ont, ni tous, ni aucun, un nombre infini de côtés. Il est donc vain de chercher les deux termes d'une proportion une et identique pouvant exprimer d'une manière constante la raison de d et de p dans tous les cercles.

88. Remarquer le discours de Wallis d'après lequel la proportion susdite ne peut être exprimée ni par des nombres rationnels, ni par des quantités incommensurables.   (p. **17**.)

89. Nous ne pouvons pas davantage avoir l'idée de la longueur, sans largeur, ou sans visibilité, que d'une figure générale.

90. Une idée peut être semblable à une autre idée, quoiqu'elles ne contiennent toutes les deux aucune idée simple commune ([1]). Par exemple l'idée simple « rouge », est, en un certain sens, semblable à l'idée simple « bleue » ; la première ressemble plus à la seconde que l'idée de « doux » ou d'« aigu ». C'est que ces deux idées ainsi appelées semblables s'accordent par leur connexion avec une autre idée simple qui est l'étendue et aussi en ce qu'elles sont perçues par un seul et même sens. Mais, en définitive, rien ne ressemble plus à une idée qu'une autre idée.

91. Pas de partage entre Dieu et la nature, ou les causes secondes, dans ma doctrine.

92. Les matérialistes doivent accorder que la terre est vraiment mûe par le pouvoir d'attraction de chaque pierre qui tombe de l'air, ainsi que d'autres absurdités pareilles.

(p. **429**). — 93. Rechercher à propos du pendule, si ces découvertes d'Huygens sont possibles à faire au moyen de mes principes.

---

(1) Je n'approuve pas tout à fait cette proposition. (Note marginale de l'auteur).

94. $''', '''', '''''$. Le $^1/_{10000}$ le $^1/_{100000}$ et le $^1/_{1000000}$ de temps doivent être rejetés et négligés comme autant de zéros ou de riens.

95. Faire des expériences sur les minimums et leurs couleurs, rechercher si ces minimums existent ou non, s'ils peuvent être de ce vert qui semble un composé de jaune et de bleu.

96 Ne serait-il pas préférable de ne pas donner le nom d'idées aux opérations de l'esprit et de réserver ce terme aux choses sensibles ?

97. Etablir avec soin comment beaucoup de philosophes anciens poussent l'absurdité jusqu'à nier l'existence du mouvement et des autres choses qu'ils percevaient véritablement par les sens. Cela venait de ce fait, qu'ils ignoraient la nature de l'idée d'existence et de ce en quoi elle consiste. Voilà la source de toute leur folie. J insiste principalement sur la découverte de la nature, du sens, de l'importance de l'idée d'existence.

Cela met une grande différence entre les sceptiques et moi. Je crois que c'est tout à fait nouveau. Je suis sûr que c'est nouveau pour moi.   (p. 18.)

98. Nous avons appris de Mr. Locke qu'il peut y avoir, qu'il y a même des discours pleins de facilité, d'harmonie, de méthode, et qui néanmoins n équivalent à rien.

Il avait l'intention d'appliquer cette remarque aux philosophes de l'école. Nous pouvons l'appliquer aux mathématiciens.

99. Comment peut-on dire que tous les mots représentent des idées ? Le mot « bleu » représente une couleur sans étendue, ou abstraite de l'étendue. Mais nous n'avons pas l'idée d'une couleur sans étendue.

100. Locke paraît à tort assigner aux mots un double emploi : l'un de communication, l'autre de conservation de nos pensées. Il est absurde d'employer des mots à conserver nos pensées pour nous-mêmes ou dans nos méditations personnelles.

101. Pas une idée abstraite simple semblable à une autre.

Deux idées simples peuvent être reliées par une troisième idée simple, ou introduites par un seul et même sens. Mais considérées en elles-mêmes, elles ne peuvent avoir rien de commun, par suite, aucune ressemblance.

102. Comment peut-il y avoir aucune idée abstraite des couleurs ? Cela paraît moins facile pour les goûts et les couleurs. Toutes les idées, quelles qu'elles soient, sont particulières. Je ne peux nullement concevoir une idée générale abstraite. Autre chose est d'abstraire une idée concrète d'une autre d'espèce différente, autre chose d'abstraire une idée de toutes les qualités particulières de la même espèce.

103. Recommander et approuver beaucoup la philosophie expérimentale.

104. Que signifie la cause distinguée de l'occasion ? Rien qu'un être qui veut, quand l'effet suit la volition. Quant aux

choses qui viennent du dehors, nous n'en sommes pas la cause. Il y a donc quelque autre Cause de ces faits, c'est-à-dire qu'il y a un Etre qui veut ces perceptions en nous.   (p. **19**.)

105. (On devrait dire rien qu'une Volonté, un Etre qui veut étant inintelligible. [1])

106. Un carré ne peut être double d'un autre carré. D'où il résulte que le théorème de Pythagore est faux.

107. Quelques écrivains de catoptrique sont assez absurdes pour placer le lieu apparent de l'objet derrière l'œil, dans le problème de Barrow.

108. Les diaprures du bleu et du jaune allant sans cesse en diminuant se terminent en vert.

109. Il y a dans le vert deux bases de relation de ressemblance au bleu et au jaune : c'est pourquoi le vert est composé.

110. Une cause mixte produit un effet mixte. Donc toutes les couleurs que nous voyons sont composées.

111. Considérer les deux sortes de vert de Newton.

112. N. B. Mes théories abstraites et générales ne devraient pas être condamnées par la « Royal Society ». C'était, en dernière analyse, le but de leur réunion. Voir Sprat : *History of the Royal Society* (1667).

113. Commencer par une définition de l'idée.

114. Les deux grands principes de la morale, l'existence de Dieu et la liberté de l'homme. A examiner ces principes au commencement du Livre II.

115. *Subvertitur geometria ut non practica sed speculativa.*

(p. **431**). — 116. La proposition d'Archimède sur la quadrature du cercle n'a rien de commun avec les circonférences contenant moins de 96 points ; et si la circonférence contient 96 points, cette proposition peut être valable, mais rien ne s'en suivra contre les indivisibles. (V. Barrow.)

117. Ces lignes courbes que vous pouvez rectifier par la géométrie... comparez-les avec leurs lignes droites égales et, au microscope, vous découvrirez une inégalité. D'où il résulte que ma quadrature du cercle est aussi bonne et aussi exacte que la meilleure.

118. La substance du corps ou toute autre chose, qu'est-ce sinon la collection d'idées concrètes que cette chose renferme ? La substance de tout corps particulier est ainsi l'étendue, la solidité, la figure. Nous ne pouvons avoir aucune idée d'un corps en général et abstrait.   (p. **20**).

(1) Note ajoutée sur la page blanche du manuscrit.

119. Inculquer et exposer avec le plus grand soin cette idée : que si nous cherchons à exprimer des pensées philosophiques abstraites par des mots, nous tombons dans des difficultés inévitables. A écrire dans l Introduction.

120. S'efforcer de comprendre très exactement ce que l'on veut dire par cet axiome : *Quæ sibi mutuo congruunt æqualia sunt.*

121. Qu'entendent les géomètres par l'égalité des lignes ? Une ligne courbe peut-elle, suivant leur définition de l'égalité, être égale à une ligne droite ?

122. Si vous appelez avec moi lignes égales celles qui contiennent un nombre égal de points, alors il n'y aura pas de difficulté. Telle courbe est égale à telle droite parce qu'elle contient le même nombre de points que la droite.

123. Je ne supprime pas les substances. Je ne dois pas être accusé par mes critiques de chasser la substance du monde raisonnable. Je rejette seulement le sens philosophique (lequel, en effet, est un non-sens) du mot substance. Demandez à une personne non contaminée par ce jargon ce qu'elle entend par substance corporelle, ou par substance des corps. Elle vous répondra : la masse, la solidité et d'autres qualités sensibles pareilles.

Ces qualités je les conserve. Le *nec quid, nec quanlum, nec quale* philosophique dont je n'ai aucune idée, je le repousse, si on peut parler ainsi de ce qui n'a jamais existé, ne fut jamais imaginé ou conçu.

124. En résumé, ne vous fâchez point. Vous ne perdez rien de réel ou de chimérique. Quant à ce que vous pouvez concevoir ou imaginer de toute manière, pour si étrange, si extravagant, si absurde que ce soit grand bien vous fasse ; vous pouvez en tirer profit à ma place Je ne veux pas vous en priver.   (p. **21**)

125. Je suis pour la réalité plus que tous les autres philosophes. Ils ont mille doutes et ne sont certains que d'une chose, c'est que nous pouvons être trompés. J'affirme directement le contraire.

(p. **432**). — 126. Une ligne, au sens mathématique, n'est pas distance pure. Ceci est évident en ce qu'il y a des lignes courbes.

127. Les courbes sont parfaitement incompréhensibles, inexplicables, absurdes, à moins d'admettre les points.

128. Si nous cherchons un objet là où il n'est pas, quelle que soit notre sagacité, c'est peine perdue. Le chasseur naïf et maladroit qui sait où le gibier se cache, quoique sot, l'attrapera plus tôt que les plus agiles et les plus adroits qui le cherchent ailleurs. Nous poursuivons la vérité et le savoir partout ailleurs que dans notre jugement où nous devons les trouver.

129. Toutes nos connaissances ne portent que sur des idées. Locke. L. 4, c. 1.

130. C'est une chose inexacte et sujette aux difficultés que de faire du terme « personne » un terme représentant une idée, de faire de nous-mêmes, ou des choses pensantes, des idées.

131. Les idées abstraites, (¹) causes de beaucoup de discussions frivoles et d'erreurs.

132. Les mathématiciens ne me paraissent pas parler avec clarté et logique de l'idée d'égalité. Ils ne définissent nulle part ce qu'ils entendent par ce mot appliqué aux lignes.

133. Locke dit que les modes des idées simples, en dehors de l'étendue et du nombre, sont mesurés par degrés. Je nie qu'il existe des modes ou des degrés d'idées simples. Il appelle ainsi des idées complexes, comme je l'ai démontré.

134. Que prétendent les mathématiciens, en considérant les courbes comme des polygones ? Ou elles sont des polygones, ou elles ne le sont pas. Si elles sont des polygones, pourquoi leur donner le nom de courbes ? Pourquoi ne pas les nommer constamment des polygones et les traiter comme tels ? Si elles ne sont pas des polygones, je trouve absurde qu'on emploie des polygones à leur place. N'est-ce pas corrompre le langage, adapter une idée à un nom qui ne lui appartient pas, mais qui appartient à une idée différente ? (p. 22.)

(p. **433.**) — 135. Les mathématiciens devraient prendre garde à leur axiome : *Quæ congruunt sunt æqualia.* Je ne vois pas ce qu'ils veulent dire, quand ils me commandent de placer un triangle sur un autre. Le triangle inférieur n'est pas un triangle, il n'est rien du tout, puisqu'il n'est pas perçu. La vue devra-t-elle être juge de cette similitude ou non ?

S'il en est ainsi, toutes les lignes vues sous un même angle sont égales, ce qu'ils refuseront de reconnaître. Est-ce le toucher qui sera juge ? Mais nous ne pouvons toucher ou sentir les lignes et les surfaces, telles que les triangles, etc., de l'aveu des mathématiciens eux-mêmes. A plus forte raison ne pouvons-nous toucher une ligne ou un triangle recouverts par une autre ligne ou un autre triangle.

136. Pensez-vous, en disant qu'un triangle est égal à un autre, qu'ils occupent tous deux des espaces égaux ? Mais alors revient cette question : qu'entendez-vous par espaces égaux ? Si vous voulez désigner *spatia congruentia*, tachez de résoudre véritablement la difficulté ci-dessus.

137. Je ne puis entendre, pour ma part, par triangles égaux que des triangles contenant un nombre égal de points.

138. Je ne puis entendre par lignes égales que des lignes que je peux choisir indifféremment, dans lesquelles je n'observe par les sens aucune différence et qui, par suite, portent le même nom.

---

(1) Les idées générales (éd. 1871).

139. L'imagination doit-elle être prise pour juge, dans les cas cités plus haut ? Mais l'imagination ne peut dépasser le toucher et la vue. Vous me dites que le pur intellect doit juger. Je réponds que lignes et triangles ne sont pas des opérations de l'esprit.

140. Si je parle catégoriquement et de l'air d'un mathématicien de choses dont je suis assuré, c'est pour éviter les querelles, pour obliger les gens à penser avant de répondre, à discuter mes arguments avant de se préparer à les réfuter. Je ne voudrais à aucun prix nuire à la vérité et à la certitude par une modestie affectée et une soumission à des jugements meilleurs. J'expose devant vous des théorèmes indiscutables : ce ne sont pas des conjectures personnelles, plausibles, ni les savantes opinions d'autres personnes Je n'ai pas la prétention de les prouver par des chiffres, par analogie, ou par autorité. Qu'ils résistent ou tombent par leur évidence propre.

(p. **434**). — 141. Quand vous parlez d'essences corpusculaires des corps, réfléchir à sect. 11 et 121, L. 4, c. 3, Locke.

Le mouvement ne suppose pas la solidité. Une simple étendue colorée peut nous donner l'idée de mouvement.

142. Tout sujet peut avoir chaque sorte de qualités premières, mais seulement une qualité particulière à la fois. L. 4, c. 3, s. 15, Locke. (p. **23**)

143. Vous me direz que, suivant cette nouvelle doctrine, tout n'est qu'idée pure, il n'y a rien qui ne soit *ens rationis*.

Je vous réponds que les choses sont aussi réelles, elles existent dans la *rerum natura*, autant que jamais. La distinction entre les *entia relia* et les *entia rationis* peut être aussi bien faite maintenant que jamais. Réfléchissez seulement avant de parler. Efforcez-vous de comprendre exactement ma pensée et vous tomberez d'accord avec moi sur ce point.

144. Stérile est la distinction entre les essences réelles et les essences verbales.

145. Nous ne connaissons pas le sens de nos paroles. Réalité, étendue, existence, pouvoir, matière, lignes, infini, point, et bien d'autres, sont constamment employées, alors que peu de notions claires et déterminées leur correspondent dans notre esprit. Bien inculquer cette idée.

146. On établit une distinction vaine entre le monde intellectuel et le monde matériel. V. Locke, L. 4, c. 3, s. 27. L'endroit où il dit cela est bien plus beau que ceci.

147. C'est folie chez les hommes de mépriser les sens. Sans leur aide, l'esprit ne pourrait avoir aucune connaissance, aucune pensée (¹)... La méditation, la contemplation, et tous les actes

---

(1) Lacune dans le texte.

de la vie spirituelle, (comme si tout cela pouvait avoir lieu avant que nous ayons des idées du dehors par les sens), sont manifestement absurdes. Ceci peut être d'une grande utilité en ce que le bonheur de la vie future est rendu plus concevable et plus conforme à notre nature présente. Les scolastiques et les philosophes les plus subtils n'ont pas donné à la majorité des hommes une idée plus attrayante du ciel ou des joies des bienheureux.

148. Une cause répandue, universelle, de nos erreurs, c'est notre négligence dans l'examen de nos propres notions. Je veux parler d'un examen de ces idées en elles-mêmes, pour les fixer et les déterminer, car nous ne les considérons que dans leurs relations entr'elles. En un mot, nous faisons fausse route en étudiant les relations des choses, avant de les étudier absolument et en elles mêmes. Nous cherchons par exemple à découvrir les relations des figures entre elles, ainsi que les relations des nombres. sans nous efforcer de comprendre exactement la nature de l'étendue en soi et du nombre en soi. Nous croyons que cela ne présente ni intérêt, ni difficulté : mais, si je ne me trompe, c'est de la plus grande importance.

149. Je ne reconnais pas la distinction qui est faite entre le profit et le plaisir. (p. **24**)

(p. **435**.) — 150. Je ne blâmerai jamais un homme d'avoir agi par intérêt. Celui qui agit d'après d'autres principes est un sot.

Faute d'avoir considéré ces choses, il en est découlé de mauvaises conséquences pour la morale.

151. Mes affirmations formelles ne sont pas moins modestes que celles que l'on fait précéder d'un : il me semble ; je suppose, etc ; puisque je déclare, une fois pour toutes, que tout ce que j'écris, ou pense. a trait entièrement aux choses telles qu'elles m'apparaissent. Cela ne concerne toute autre personne que dans la mesure où ses pensées s'accordent avec les miennes. A écrire dans la préface.

152. Deux choses peuvent être une cause de trouble dans les raisonnements des hommes entre eux.

1° Les mots indiquant les opérations de l'esprit sont empruntés aux objets sensibles ; 2° les mots employés par le vulgaire sont employés dans un sens un peu large, et leur signification est confuse. D'où il suit que si un homme emploie les mots dans un sens déterminé et fixe, il risque ou de ne pas être compris ou de parler improprement. On remédie à tous ces inconvénients par l'étude du jugement.

153. L'unité n'est pas une unité simple. Je n'ai pas d'idée correspondant simplement au terme " un ". Tout nombre consiste en des relations.

154. *Entia realia* et *entia rationis*, sotte distinction établie par les scolastiques.

155. Nous avons une connaissance intuitive de l'existence d'autres choses en dehors de nous-mêmes et d'un ordre antécé-

dent à la connaissance de notre existence ([1]), en ce que nous devons avoir des idées, car sans elles nous ne pouvons pas penser.

156. Nous mouvons nous-mêmes nos jambes : c'est nous qui voulons leur mouvement. En cela je m'éloigne de Malebranche.

157. Discuter avec soin Locke, Liv. 4, c. 4.

138. Citer et expliquer sans cesse la théorie de la réalité des choses, la *rerum natura*, etc.

159. Ce que j'expose est une démonstration, une démonstration parfaite. Chaque fois que des idées fixes et déterminées sont attachées aux mots, on ne peut guère se tromper.

Tenez-vous-en à ma définition du « semblable », et il est démontré que les couleurs ne sont pas des idées simples, tous les rouges sont semblables, etc. De même, en d'autres questions. Insister beaucoup sur ce point. (p. **25**)

160. L'idée abstraite d'être, ou d'existence, n'est jamais une idée du vulgaire. Il n'emploie jamais des mots qui représentent des idées abstraites.

(p. **436**). — 161. Je ne devrais pas dire que les termes « chose, substance », etc., ont été des causes d'erreur, mais plutôt, le fait de ne pas réfléchir sur leur sens. Je veux encore conserver ces mots. Je désire seulement qu'on réfléchisse avant de parler et qu'on détermine le sens des mots.

162. Je n'approuve pas ce que dit Locke, à savoir que la vérité consiste dans la réunion ou la séparation de signes.

163. Locke ne peut expliquer la vérité en général, ou le savoir, sans traiter des mots et des propositions. Cela est en faveur de ma théorie contre les idées générales abstraites. (Voir Locke, L. IV, ch. 6.)

164. On a montré beaucoup d'activité dans la marche en avant. On est allé fort loin, mais personne n'a reculé au-delà des principes. De ce côté s'étend une vaste *terra incognita* que je dois explorer et découvrir. Vaste champ de découvertes.

165. 12 pouces et 1 pied ne constituent pas une même idée, car un homme peut concevoir parfaitement un pied, sans avoir jamais auparavant pensé à un pouce.

166. Un pied est égal à douze pouces, vaut douze pouces, en ce sens qu'ils contiennent le même nombre de points.

167. En tant qu'on doit s'en servir (cela suffit pour les besoins de la pratique).

---

(1) Var., éd. 1871. Texte obscur.

168. — Dire quelque chose qui puisse être un encouragement pour l'étude de la politique et certifier que je suis bien disposé en faveur de cette science.

169. Si l'on n'employait pas des mots au lieu des idées, on n'aurait jamais songé aux idées générales abstraites. Assurément les genres et les espèces ne sont pas des idées générales abstraites. Les idées abstraites enferment une contradiction dans leur nature. V. Locke. L. 4. c. 7, s. 9.

170. Une cause variée ou mixte doit nécessairement produire un effet varié ou mixte. Ceci peut se démontrer par la définition de la cause. Je dois faire un usage fréquent de cette méthode de démonstration dans mon *Traité* et, dans ce but, prendre souvent les définitions comme point de départ. D'où il est évident que les couleurs, suivant la théorie de Newton, ne peuvent être des idées simples.   (p. **26**.)

171. Je suis plus éloigné que tout autre du scepticisme. Je connais, par une connaissance intuitive, l'existence des choses, aussi bien que celle de mon âme. C'est ce que ni Locke, ni tout autre philosophe qui pense, ne peuvent guère prétendre.

(p. **437**. — 172. La doctrine de l'abstraction a des conséquences funestes dans toutes les sciences. Remarque de Barrow. Entièrement l'œuvre du langage.

173. Grande erreur de Locke qui met le rappel de nos idées par les mots au nombre des usages et non des abus du langage.

174. Il serait très utile et de la plus grande importance de contempler un homme doué de facultés admirables, jeté seul dans le monde, et de voir ce qu'il connaîtrait, après une longue expérience, sans l'aide des mots. Un tel homme ne se préoccuperait jamais des genres et des espèces ou des idées générales abstraites.

175. Ce qui étonne chez Locke, c'est qu'il ait pu, dans sa vieillesse, voir quelque peu à travers le brouillard qui s'était formé depuis si longtemps et par suite épaissi. Je suis bien plus surpris de cela que de ce qu'il n'ait pas su voir plus loin.

176. L'identité des idées peut être entendue dans un double sens, comme comprenant, ou excluant l'identité des circonstances, telles que le temps, le lieu, etc.

177. Je suis heureux que les personnes avec lesquelles je vis ne soient pas toutes plus riches, plus sages que moi. C'est conforme à la raison ; ce n'est pas un péché. Il est certain que si le bonheur de mes amis augmente et si le mien n'augmente pas en proportion, le mien doit décroître. L'ignorance de cette vérité et la doctrine sur la relativité du bien discutée avec French, Madden, etc, doivent être notées comme deux causes d'erreur dans le jugement des idées morales.

178. Faire observer, quand on parle de la division des idées en idées simples et complexes, qu'il peut y avoir une autre cause de la nature indéfinissable de certaines idées, outre celle que Locke indique : c'est le manque de noms.   (p. **27**)

179. En commençant le premier livre, ne pas parler de la sensation et de la réflexion, mais, au lieu de la sensation, se servir de la perception ou de la pensée en général.

180. Je défie qui que ce soit d'imaginer, ou de concevoir la perception sans une idée, ou une idée sans perception.

181. La simple supposition de Locke, d'après laquelle la matière et le mouvement devraient exister avant la pensée, est absurde, enferme une contradiction manifeste.

182. La harangue de Locke au sujet des discours pleins de logique et de méthode, mais dont la portée est nulle, applicable aux mathématiciens.

183. Ils parlent de déterminer tous les points d'une courbe à l'aide d'une équation. Que veulent-ils dire par là ?

Que voudraient-ils signifier par le terme " points " ? S'en tiennent-ils à la définition d'Euclide ?

(p. **438**.) — 184. Nous croyons ne pas connaître l'âme, parce que nous n'avons aucune idée imaginable ou sensible attachée à ce vocable. C'est l'effet d'un préjugé.

185. Certainement nous ne la connaissons pas. Cela devient clair si nous examinons le sens du mot : « savoir ». Ce n'est pas non plus un défaut de notre connaissance, et, du fait de notre ignorance, il n'y a pas de contradiction.

186. C'est l'existence même des idées qui constitue l'âme.

187. Conscience, perception, existence des idées, paraissent être une seule et même chose.

188. Consultez, fouillez le jugement. Qu'y trouverez-vous en dehors de quelques perceptions ou idées ? Qu'entendez-vous par le mot esprit ? Vous entendez soit une chose que vous percevez, soit une chose que vous ne percevez pas. Une chose non perçue est contradictoire. Nous sommes en cette matière étrangement trompés par des mots.

189. L'esprit est un amas de perceptions. Supprimez les perceptions et vous supprimez l'esprit. Établissez les perceptions et vous établissez l'esprit. (p. **28**)

190. L'esprit, direz-vous, n'est pas la perception, ni la chose qui perçoit. Je vous réponds : vous êtes induit en erreur par le mot chose qui est vague et vide de sens.

191. Le fait d'avoir des idées n'est pas la même chose que la perception. Un homme peut avoir des idées, quand il imagine. Mais, dans ce cas, l'imagination suppose la perception.

192. Ce qui fortifie extrêmement nos préjugés, c'est que nous croyons voir un espace vide; or je démontrerai que cela est faux dans le 3ᵉ livre.

193. Il peut y avoir des démonstrations même en théologie: je veux dire la théologie révélée, distinguée de la théologie naturelle ; car, bien que les principes puissent être établis sur la foi, rien n'empêche de fonder sur elle des démonstrations

légitimes, pourvu toutefois que nous définissions les mots employés et que nous ne dépassions jamais nos idées. D'où il ne serait guère difficile à ceux qui croient que l'épiscopat et la monarchie sont établis par droit divin, de démontrer leur théorie, si elle est vraie.

(p. **439**.) Mais prétendre démontrer ou expliquer quoi que ce soit sur la Trinité, est absurde. Dans ce cas une foi implicite nous convient.

194. Existe-t-il une différence réelle entre certaines idées de la réflexion et d'autres de la sensation, entre la perception et le blanc, le noir, le doux ? En quoi, je vous prie, la perception de blanc diffère-t-elle des hommes blancs ?

195. Je démontrerai toutes mes théories. Expliquer et développer la nature de cette démonstration dans l'Introduction. Je dois forcément différer en cela de Locke, car il fait reposer toute démonstration sur les idées abstraites que nous n'avons pas et que nous ne pouvons pas avoir, à mon avis.

196. Le jugement ne me paraît pas différer de ses perceptions ou de ses idées. Que doit-on penser de la volonté et des passions ?

197. Une bonne preuve que l'existence n'est rien sans la perception, ou distincte de la perception, peut être tirée du spectacle d'un homme placé dans le monde, sans société. (p. **29**)

198. Il y avait une odeur, c'est-à-dire, on percevait une odeur. Nous voyons ainsi que le langage ordinaire confirme ma théorie.

199. Pas d'intervalle entre la mort et l'annihilation, le temps de chaque personne étant mesuré par ses idées.

200. Nous sommes fréquemment embarrassés et empêchés d'arriver à un sens clair et déterminé de mots d'un usage commun, parce que nous nous imaginons que les mots représentent des idées générales abstraites qui sont tout à fait inconcevables.

201. Une pierre est une pierre. Proposition ridicule et telle que l'homme solitaire n'y penserait jamais. Je ne crois pas non plus qu'il penserait davantage à celle-ci : le tout est égal à la somme de ses parties, etc..

202. Qu'on ne dise pas que je supprime l'existence ; je ne fais qu'exposer le sens de ce mot, autant que je peux le comprendre.

203. Si vous supprimez l'abstraction, comment l'homme différera-t-il de la bête ? Je réponds : par la forme, par le langage, ou plutôt par degrés de plus ou de moins.

(p. **440**). — 204. Que veut dire Locke par inférences de mots, conséquences de mots, en tant que distinctes des conséquences d'idées ? Je ne comprends pas ces choses.

205. Se plaindre longuement des imperfections du langage.

206. Quelqu'un viendra peut être me dire : une substance inerte, dépourvue de pensée, peut exister, quoiqu'elle n'ait ni

étendue, ni mouvement, mais d'autres propriétés dont nous n'avons aucune idée. Je démontrerai que cela même est impossible, quand je traiterai plus particulièrement de l'idée d'existence.

207. La volonté n'est pas à bon droit distinguée du désir par Locke, puisqu'elle ne semble rien ajouter à l'idée d'un acte que le malaise créé par son absence ou son inexistence.

208. S'occuper activement d'éclaircir ce mystère étrange : comment se fait-il que je puisse songer, penser à ceci ou cela, à tel homme, tel endroit, telle action, lorsqu'ils ne paraissent être introduits par rien dans mon esprit, quand ils n'ont aucune connexion concevable avec les idées suggérées par mes sens, à ce moment présent ? (p. **30**)

209. On ne peut imaginer le vide étonnant, la rareté d'idées que découvrirait celui qui laisserait de côté tout emploi de mots dans ses méditations.

210. Locke n'est pas d'accord avec lui-même, quand il suppose que nous manquons d'un sens spécial pour voir les substances.

211. Locke reconnaît que les idées abstraites furent créées pour nommer (les objets).

212. L'erreur commune des opticiens, d'après laquelle nous jugeons de la distance par les angles, enracine ce préjugé d'après lequel nous voyons les objets au dehors et éloignés de l'esprit.

213. Je suis persuadé que, si l'on voulait seulement examiner ce qu'on entend par le mot existence, on serait de mon avis.

214. (Ce que dit Locke) c. 20, s. 8, § 4, est en ma faveur contre les mathématiciens.

215. La supposition, d'après laquelle les choses sont distinctes des idées, enlève toute vérité réelle, amène par suite un scepticisme universel, puisque tout notre savoir et toutes nos méditations sont limités à nos propres idées.

(p. **441**.) — 216. L'homme isolé ne trouverait-il pas nécessaire de faire usage de mots pour rappeler ses idées, sinon pour le souvenir et la méditation, du moins pour leur transcription ? Sans cette dernière, il ne pourrait guère conserver le savoir acquis.

217. Nous lisons dans l'histoire qu'il fut un temps où les craintes, les jalousies, les privilèges des parlements, l'hostilité des partis et d'autres expressions semblables d'un sens trop illimité et trop vague, exerçaient un grand ascendant (sur l'esprit). De même les mots d'église, de whig et de tory, contribuent beaucoup à (faire naître) des factions et des querelles.

218. La distinction qui a été faite entre une idée et la perception de cette idée a été une des grandes causes pour lesquelles on a imaginé des substances matérielles.

219. De ce que Dieu et les esprits bienheureux ont une volonté, nous tirons un argument manifeste contre Locke, d'après lequel la volonté ne peut être conçue, mise en mouvement, sans malaise préalable. (p. **31**)

220. L'acte de la volonté, ou volition, n'est pas le malaise, car ce malaise peut exister sans volition.

221. La volition est distincte de l'objet ou de l'idée, pour la même raison.

222. Elle est distincte du malaise et de l'idée à la fois.

223. Le jugement n'est pas distinct des perceptions particulières ou idées.

224. La volonté n'est pas distincte des volitions particulières.

225. Il n'est pas très évident que l'idée, ou du moins le malaise, puisse exister en dehors de toute volition ou de tout acte.

226. Le jugement pris comme faculté n'est pas réellement distinct de la volonté.

227. Cela sera reconnu plus tard.

228. Demander si l'on peut vouloir les deux côtés de l'alternative est absurde, car le mot " peut " présuppose la volition.

229. *Anima mundi*, forme substantielle, feu originel omniscient, vertu plastique, principe hylozoïque, tout cela s'évanouit.

230. Newton prouve que la gravité est proportionnelle à la gravité. Je crois que c'est tout.

(p. **442**.) — 231. Est-ce la force d'inertie qui fait qu'il est difficile de mouvoir une pierre, ou bien la force attractive, ou toutes les deux, ou ni l'une, ni l'autre ?

232. Exposer les théories aussi pleinement, aussi abondamment, aussi clairement que possible. Etre également complet et exact dans les réponses aux objections.

233. Dire que la volonté est un pouvoir et que, par suite, la volition est un acte, c'est définir le même par le même.

234. On méprise l'étendue, le mouvement, on les distingue de l'essence de l'âme, parce qu'on imagine qu'ils sont différents de la pensée et qu'ils existent dans une substance non pensante.

235. Une substance étendue peut avoir des modes passifs de penser de bonnes actions. (p. **32**).

236. Il pourrait y avoir idée, il pourrait y avoir malaise, il pourrait y avoir très grand malaise, sans volition, donc le (1).....

237. Si l'on accorde l'existence de la matière, je mets qui que

---

(1) Lacune dans le texte.

ce soit au défi de prouver que Dieu n'est pas matière.

238. L'homme est libre. Il n'y a aucune difficulté dans cette proposition, si toutefois nous fixons le sens du mot « libre », si nous avons une idée attachée au mot « libre » et si nous voulons méditer cette idée.

239. Nous nous laissons imposer par les mots volonté, déterminer, agent, libre, pouvoir, etc.

240. Le malaise ne précède pas chaque volition : cela est évident par expérience.

241. Etudiez un enfant dans le sein (de sa mère).
Marquez la suite et la succession de ses idées. Observez comment la volition lui vient à l'esprit. Vous pourrez peut-être ainsi connaître sa nature.

242. Le plaisir semble plutôt déterminer, précéder et constituer l'essence de la volition que le malaise.

243. Vous objectez que, suivant ma doctrine, l'homme n'est pas libre. Je réponds : « Dites moi ce que vous entendez par le mot libre, et je vous résoudrai la difficulté. »

244. Qu'entend-on par corps touchant un autre corps ? Je prétends que vous n'avez jamais vu, ou plutôt je dis que je n'ai jamais vu, un corps dont je puisse dire qu'il touchait celui-ci ou celui-là, car, si mon optique était meilleure, j'apercevrais des intervalles et d'autres corps derrière ceux qui paraissent se toucher.

245. Faire preuve, en toutes circonstances, de la plus grande modération ; réfuter les mathématiciens avec la plus grande civilité et le plus grand respect ; ne pas les appeler savants nihilistes.

(p. **443**.) — 246. Brider mon tempérament satirique.

247. Ne me blâmez pas, s'il m'arrive quelquefois d'employer des mots dans un sens quelque peu étendu. On ne peut faire autrement. C'est la faute du langage, si vous ne pouvez pas toujours saisir le sens clair et déterminé de mes paroles. (p. **33**)

248. Il pourrait exister, dites-vous, une substance pensante, quelque chose d'inconnu, qui perçoit, supporte et relie les idées. Je vous réponds : montrez que le besoin de cette substance se fait sentir et je vous accorderai qu'elle existe. Je ne me soucie pas de supprimer quoi que ce soit à l'existence de quoi j'ai le moindre motif de croire.

249. J'affirme qu'il est manifestement absurde, on ne peut fournir aucune excuse possible, d'employer un mot sans une idée. Nous trouverons sûrement que, quelque mot dont nous fassions usage, dans les matières de pure logique, doit, ou devrait être accompagné d'une idée complète, c'est-à-dire que le sens dans lequel nous l'employons, devrait être complètement connu.

250. On peut démontrer qu'on ne peut être amené à imaginer l'existence de quoi que ce soit dont nous n'avons

aucune idée. Quiconque dit le contraire est lui-même dupe de mots.

231. Nous supposons qu'il existe une grande différence et une grande distance par rapport au savoir, à la puissance, entre un homme et un ver : on peut supposer, entre l'homme et Dieu, une différence pareille, une différence infiniment plus grande.

252. Nous trouvons, dans notre esprit, un grand nombre d'idées différentes. Nous pouvons nous imaginer qu'il en existe, en Dieu, un plus grand nombre, ou que le nombre de nos idées est insignifiant en comparaison des siennes. Nous appliquons les termes différence et nombre, qui sont vieux et connus, à ce qui est inconnu. Mais je me trouve dans un fouillis inextricable de mots et il n'est guère possible qu'il en soit autrement.

253. La principale chose que je fais ou prétends faire, c'est écarter le brouillard ou le voile des mots. C'est ce qui a été une cause d'ignorance et de confusion ; c'est ce qui a causé la perte des scolastiques et des mathématiciens, des hommes de loi et des prêtres.

(p. **444**). — 254. La grande source de perplexité et d'obscurité, quand nous traitons de la volonté, c'est que nous nous imaginons qu'elle est objet de pensée. Nous croyons, pour employer la manière vulgaire de parler, que nous sommes capables de la percevoir, de la contempler et de la considérer comme toute autre de nos idées, alors qu'en réalité ce n'est pas une idée, qu'il n'en existe aucune idée.

Elle diffère *toto caelo* du jugement, c'est-à-dire de toutes nos idées. Si vous dites que la volonté, ou plutôt la volition, est quelque chose, je réponds qu'il y a homonymie dans le mot « chose » appliqué aux idées et à la volition, au jugement et à la volonté. Toutes les idées sont passives. (¹)   (p. **34**).

255. Chose et idée sont en grande partie des mots de même étendue et de même sens. Pourquoi donc ne pas employer le mot « chose » ? Parce que le terme « chose » a plus de latitude que le terme idée : il comprend les volitions et les actions. Or ce ne sont pas des idées.

256. Il peut y avoir perception sans volition. Peut-il y avoir volition sans perception ?

257. L'existence inconcevable sans perception ou volition, ne peut pas en être séparée.

---

(1) Var. éd. 1871. Toutes les idées sont des volitions (ou actions) passives.

258. Plusieurs idées distinctes peuvent être perçues par la vue et par le toucher à la fois. Il n'en est pas de même des autres sens. Cette diversité de sensations, surtout dans les autres sens et quelquefois dans les sens du toucher et de la vue (comme aussi la diversité des volitions, dont on ne peut avoir, ou dont il semble qu'on ne puisse avoir plus d'une en même temps, car j'en doute) nous donne l'idée de temps, ou constitue le temps lui-même.

259. Que penserait l'homme isolé de l'idée de nombre ?

260. Il y a des idées innées, c'est-à-dire des idées créées en même temps que nous.

261. Locke paraît dans l'erreur quand il dit que la pensée réfléchie n'est pas essentielle pour l'esprit.

262. Assurément l'esprit pense toujours et constamment et nous en avons conscience. Dans le sommeil et l'extase, l'esprit n'existe pas : il n'y a pas de temps, pas de succession d'idées.

263. Dire que l'esprit existe sans la pensée, c'est une contradiction, un non-sens, un rien.

264. C'est folie pure de rechercher ce qui détermine la volonté. Le malaise, (les autres mobiles), etc., sont des idées qui, par conséquent, ne peuvent rien, par suite ne peuvent pas déterminer la volonté.

(p. **445**.) — 265. En outre, que voulez-vous dire par le mot '' déterminer '' ? (p. **35**.)

266. Faute de comprendre exactement la nature du temps, du mouvement, de l'existence, on est forcé d'admettre des contradictions aussi absurdes que celle-ci : la lumière parcourt seize fois le diamètre de la terre en une seconde de temps.

267. On croyait que les idées pouvaient exister non-perçues, ou avant la perception, ce qui faisait croire que la perception était quelque peu différente de l'idée perçue, c'est-à-dire que c'était une idée de la sensation. Je dis que c'est ce qui a fait croire que l'entendement la prenait, la recevait du dehors, ce qui n'aurait jamais été, si l'on n'avait cru qu'elle existait au dehors.

268. A proprement parler, l'idée est l'image créée par l'imagination ; elle est le portrait qu'on rapporte à l'idée réelle, ou si vous préférez, à la chose.

269. Demander si nous avons une idée de la volonté ou de la volition est absurde. Une idée ne peut ressembler qu'à une idée.

270. Si vous me demandez quelle est la chose qui veut, je vous répondrai que si vous entendez par ce mot « chose » une idée, ou quoi que ce soit de semblable à une idée, alors ce quelque chose qui veut n'est rien. Quoique cela vous paraisse extravagant, c'est une vérité certaine.

Nous sommes dupes de ces termes généraux « chose, » « être, » etc.

271. Ou encore, si par le terme « est » vous entendez « est perçu ou perçoit », j'affirme que rien de ce qui perçoit ne « veut. »

272. L'habitude de rapporter des idées à des choses qui ne sont pas des idées ; l'emploi de l'expression « une idée de » est une grande cause d'erreur, dans d'autres questions et dans celle-ci.

273.. Il existe des mots qui ne représentent pas des idées, c'est-à-dire des particules, *will*, etc. Les particules représentent des volitions et leurs idées concomitantes.

274. Il semble qu'il n'y ait que deux couleurs qui soient des idées simples, celles qui sont rendues visibles par les rayons les plus réfrangibles ou les moins réfrangibles ; les autres, étant intermédiaires, peuvent être formées par composition.

(p. **446**). — 275. Je n'ai aucune idée d'une volition ou acte de l'esprit et aucune autre intelligence ne peut en avoir l'idée : cela serait contradictoire. (p. **36**).

276. Les idées simples, c'est-à-dire les couleurs, ne sont pas dépourvues de toute composition, quoiqu'on doive convenir qu'elles ne sont pas formées d'idées discernables.

On a l'habitude d'appeler composées les choses dont on ne découvre pas les parties composantes. On dit que les corps sont composés de principes chimiques qui ne paraissent néanmoins à notre vue qu'après la dissolution des corps : ces principes n'étaient, ni ne pouvaient être visibles dans les corps, tant qu'ils étaient intacts.

277. Toutes nos connaissances portent sur des idées particulières, suivant Locke. Toutes nos sensations sont des idées particulières ; cela est évident. Quel emploi faisons-nous donc des idées générales abstraites, puisque nous ne pouvons ni les connaître, ni les percevoir ?

278. On reconnaît que les particules ne représentent pas des idées, et pourtant on ne les considère pas comme des sens vides et inutiles. La vérité est qu'elles représentent des opérations de l'esprit, c'est-à-dire des volitions.

279. Locke dit que toute notre science porte sur des idées particulières. S'il en est ainsi, qu'est-ce que la manière suivante de ratiociner, sinon un fouillis de mots ? *Omnis homo est animal* ; *omne animal vivit* ; *ergo omnis homo vivit.* Si vous attachez des idées particulières aux mots *animal* et *vivit*, vous arrivez simplement à ceci : *Omnis homo est homo, omnis homo est homo* ; *ergo omnis homo est homo.* C'est purement s'amuser, jouer avec des sons.

280. Nous n'avons pas d'idée des vertus et des vices, pas d'idée des actions morales. C'est pourquoi il est permis de douter que nous puissions arriver à quelque démonstration de ces sujets, parce que la moralité réside surtout dans la volition.

281. Il est étrange que nous soyons embarrassés pour trouver notre idée d'existence, puisque cette idée (si elle existe

distincte de la perception) est introduite dans l'esprit par toutes les voies de la sensation et de la réflexion ; elle devrait, il me semble, nous être très familière, et nous devrions la connaître davantage.   (p. **37**).

(p. **447**). — 282. Je suis sûr de ceci, c'est que je n'ai aucune idée de l'existence, ou jointe au mot existence. Si d'autres ont cette idée, elle est nulle pour moi ; ils ne peuvent jamais me la faire percevoir, car les idées simples sont incommunicables par le langage.

283. Le substratum inconnu des volitions et des idées est quelque chose, direz-vous, dont je n'ai aucune idée. Je vous le demande : Existe-t-il un être qui en ait, qui puisse en avoir une idée ?

S'il existe, il doit être lui-même une idée, chose que vous trouverez absurde.

284. Il y a une part d'activité dans beaucoup de perceptions, celles qui suivent nos volitions, celles que nous pouvons prévenir et arrêter. Par exemple : Je tourne mes yeux vers le soleil ; je les ouvre. Tout cela est actif.

285. Les choses ont un double aspect : elles sont actives ou inactives. Le mode d'existence des choses actives c'est l'action ; l'existence des choses inactives consiste à être perçues.

286. Séparée de la perception, ou sans perception, il n'y pas de volition ; par conséquent il n'y a pas non plus d'existence sans perception.

287. Dieu peut comprendre toutes les idées, même les idées qui sont pénibles et désagréables, sans en souffrir à aucun degré. De même nous pouvons nous-mêmes imaginer la douleur d'une brûlure, sans aucune souffrance, ou aucun malaise.

288. La vérité se présente sous trois formes : physique, mathématique, morale....

289. Rapport de relation là seulement où les nombres dominent ; rapport de coexistence, dans la nature, rapport de signification, par limitation, en morale.

290. Il faut reconnaître la force du géant qui secoue la montagne qui le couvre. S'exprimer plutôt ainsi : Je ne mérite pas d'être considéré comme plus fort que Locke, de même qu'un pigmée ne pourrait être considéré comme plus fort qu'un géant, parce qu'il pourrait rejeter loin de lui la taupinière qui lui pèse, tandis que le géant ne pourrait que secouer ou écarter la montagne qui l'écraserait. A écrire cela dans la préface.

291. Promettre d'étendre notre savoir et de le délivrer de ces contradictions humiliantes dont il est embarrassé.

Ecrire quelque chose de ce genre au commencement de l'Introduction, sur un ton modéré.   (p. **38**.)

292. Je désire que tout lecteur qui voudra censurer une partie (de mon ouvrage) le lise en entier, car il risquerait autrement de ne pas me comprendre. Dans la préface ou l'Introduction.

(p. **448**). — 293. La théorie de l'identité mieux expliquée en prenant la volonté pour les volitions, l'entendement pour les idées. La difficulté d'avoir la conscience de ce qui n'est jamais en acte est ainsi résolue d'une manière certaine.

294. — J'avoue ma reconnaissance envers les philosophes qui m'ont précédé. Ils ont établi de bonnes règles quoiqu'ils ne les observent pas toujours. Comparaison avec les aventuriers qui, tout en n'atteignant pas au port désiré, ont fait connaître, par leurs naufrages, les récifs et les bancs de sable, et rendu ainsi plus sûre et plus facile la traversée de leurs successeurs. Préface ou introduction.

295. L'opinion d'après laquelle nous avons des idées des actes moraux a rendu très difficile la démonstration de l'éthique.

296. Une idée étant elle-même inactive ne peut être la ressemblance, l'image d'une chose active.

297. Excuse à présenter dans l'introduction pour l'emploi du mot idée: le mot a persisté, mais il faut ajouter une restriction.

298. Les Ecritures et la possibilité sont les seules preuves de Malebranche. Ajoutez ce qu'il appelle une grande disposition à croire, mais cette dernière peut être mise en doute. Peut-être que si nous pensions avant de parler, nous ne serions pas si complètement persuadés de l'existence de la matière.

299. Après réflexion, je trouve que je suis à l'extrême opposé.

300. Porter le coup de grâce à la fin ; par exemple, au sujet de l'abstraction, parler du triangle général de Locke à la fin.

301. Ils établissent de bonnes règles, quoique peut-être ils ne les observent pas toujours eux-mêmes. Ils parlent beaucoup d'idées claires et distinctes ; en même temps ils parlent aussi d'idées générales abstraites. Je donnerai comme exemple l'opinion de Locke sur l'abstraction, ce philosophe étant un écrivain aussi clair que tout autre que j'aie jamais rencontré. Telle était l'ingénuité de ce grand homme que je suis persuadé que, s'il vivait encore, il ne prendrait pas ombrage de mes divergences d'opinion, vu qu'en agissant ainsi, je suis son propre conseil d'après lequel je dois faire usage de mon propre jugement, voir de mes propres yeux, non avec ceux d'un autre. Introduction.

(p. **449**). — 302. Le mot chose, en tant qu'il comprend ou représente l'idée et la volition, est utile ; en tant qu'il représente l'idée et son archétype en dehors de l'esprit, il est nuisible et inutile.

303. Pour les démonstrations morales, il semble qu'on n'ait qu'à écrire un dictionnaire de mots, voir ceux qui sont inclus dans les autres. Telle est du moins la partie principale du travail.

304. Les exemples de démonstrations morales fournis par Locke sont, suivant ses propres principes, des propositions insignifiantes.

305. Comment se fait-il que certaines idées soient ouvertement reconnues par tous comme existant seulement dans l'esprit et que d'autres soient généralement reconnues comme existant hors de l'esprit, puisqu'elles sont toutes, à votre avis, également dans l'esprit et dans l'esprit seulement ?

Réponse. Parce que, suivant leur degré de plaisir ou de douleur, les idées sont accompagnées de désir, d'effort et d'autres actions qui supposent la volition. Or, de l'aveu de tous, la volition existe dans l'esprit.

306. Si l'on consentait à laisser les mots de côté, en pensant, il est impossible qu'on se trompât jamais, excepté dans des questions de faits. Je veux dire qu'il me semble impossible d'être fermement assuré de la vérité d'une chose qui n'est pas vraie en réalité. Certainement je ne peux pas me tromper en matière de simple perception. Dans la mesure où nous pouvons raisonner sans le secours des signes, il peut se glisser des erreurs de mémoire.

307. De ma doctrine on tire un remède contre l'orgueil. Nous ne devons être loués que pour les choses qui nous sont propres, ou dont nous sommes personnellement les auteurs ; les capacités naturelles ne sont pas le résultat de nos volitions.

308. Reconnaître franchement que Locke professe quelques opinions dangereuses, telles que l'infinité et l'éternité de l'espace et la possibilité d'une matière pensante.   (p. **40**).

(p. **450**). — 309. Je souhaite encore une fois que mon lecteur soit mis en garde contre la duperie des mots. Qu'il prenne bien garde de croire que je veux lui en imposer par un bavardage spécieux et vide, manière commune et dangereuse de tromper et d'entraîner vers l'absurde. Qu'il considère simplement mes mots comme des occasions de présenter à son esprit des significations précises. En tant qu'ils manquent d'atteindre ce résultat, c'est un jargon ; ils ne méritent pas le nom de langue. Je désire l'avertir aussi de ne pas s'attendre à trouver la vérité dans mon livre, ou nulle part ailleurs que dans son esprit. Il m'est impossible de représenter tout ce que je vois moi-même par des mots.

310. Bien examiner le sens de ce que Locke dit au sujet de l'algèbre, à savoir qu'elle fournit des idées intermédiaires. Réfléchir aussi à une méthode qui aurait, en morale, la même utilité que la première en mathématiques.

311. On ne prouve pas que *homo est vivens* au moyen d'une idée intermédiaire. Je ne suis pas complètement d'accord avec Locke, dans ce qu'il dit au sujet de la sagacité employée à la découverte des idées intermédiaires dans les sujets capables de démonstration, et sur l'usage de ces idées. Comme si c'était le seul moyen d'améliorer et d'agrandir les connaissances démonstratives !

312. Il y a une différence entre le pouvoir et la volition. Il peut y avoir volition sans pouvoir, mais il ne peut y avoir de

pouvoir sans volition. Le pouvoir implique la volition et en même temps une connotation des effets qui suivent la volition.

313. Nous avons assurément une idée de la substance. C'était chose absurde, de la part de Locke, de penser que nous avions un tel nom dépourvu de sens. Ceci pourrait être accepté par les disciples de Stillingfleet.

314. La substance corporelle nous est connue ; la substance spirituelle nous est inconnue, parce qu'elle n'est pas connaissable et qu'elle est acte pur.

315. Les mots ont ruiné et infesté toutes les sciences : droit, médecine, chimie, astrologie, etc.

316. On ne peut trouver des idées abstraites que parmi les savants. Le vulgaire n'a jamais pensé qu'il possédait de telles idées et il n'en ressent vraiment pas le besoin : genres, espèces, idées abstraites, sont des termes inconnus pour lui. (p. **41**.)

317. Locke se trompe : le cas est différent. Nous pouvons avoir une idée du corps sans mouvement, mais nous ne pouvons avoir une idée de l'âme sans pensée.

318. Dieu doit être adoré. C'est ce qu'on peut démontrer facilement quand nous sommes assurés de la signification des mots Dieu, adorer, doit.

(p. **451**.) — 319. Suivant Locke, aucune perception n'est active. C'est pourquoi aucune perception, (c'est-à-dire aucune idée) ne peut être l'image, ou la ressemblance de ce qui est entièrement actif et nullement passif, c'est-à-dire la volonté.

320. Je peux vouloir rappeler à l'esprit un événement passé, quoique ce que je rappelle à l'esprit ne se trouvât point dans ma pensée avant ma volition, par suite je ne pouvais ressentir aucun malaise de son absence.

321. La volonté et l'entendement peuvent très bien être considérés comme deux êtres distincts.

322. La volonté agit rarement sans l'impulsion du désir, Locke, *Epitres*, p. 479, *ad Limburgum*.

323. Vous ne pouvez pas dire que le minimum tangible ressemble, est identique au minimum visible, sous prétexte que ce sont des minima, à peine perçus, et presque des riens.

Vous pourriez aussi bien prétendre que le minimum tangible est semblable ou identique à un son si faible qu'il est à peine perçu.

324. L'étendue paraît être un mode de quelque qualité tangible ou sensible, suivant qu'elle est vue ou sentie.

325. L'esprit, la chose active, ce qui est l'âme et Dieu, c'est la Volonté seule. Les idées sont des effets, des choses impuissantes.

326. Je pourrais appeler « esprit » l'union de l'esprit et du jugement, esprit, non personne, de peur de blesser quelqu'un (¹); négliger soigneusement de définir la personne, ou d'en parler.

327. Vous me demandez si ces volitions (diverses) font « une » volonté. Ce que vous demandez ne porte que sur un mot, car l'unité n'existe plus.

328. Prendre les plus grandes précautions pour ne pas choquer l'Eglise et les hommes d'église.

329. Parler même des scolastiques avec quelque bienveillance et montrer que ceux qui critiquent leur jargon n'en sont pas eux-mêmes exempts.   (p. **42**)

330. Locke me paraît avoir commis une grande faute en ne commençant pas par le livre III, ou, tout au moins, en n'en ayant pas eu l'idée tout d'abord. Certainement les livres II et IV ne concordent pas avec ce qu'il a dit dans le III°.

(p. **452**.) — 331. Si l'on accorde que la matière existe, l'herbe fauchée, les rognures d'ongle, peuvent penser, quoi qu'en dise Locke, et bien qu'il paraisse affirmer le contraire.

332. Puisque j'affirme qu'on ne peut se tromper dans des raisonnements courts sur des théories démontrables, à condition qu'on laisse les mots de côté, on s'attend à ne trouver dans ce traité que ce qui est d'une démonstration certaine et évidente, et j'espère que vous n'y trouverez rien que de tel. Sûrement je considère tout ce qu'il contient comme tel.

333. Quand je dis que je veux rejeter toutes les propositions dans lesquelles je ne connais pas d'une manière complète, adéquate et claire, ce qu'elles signifient, je n'étends pas cette rigueur aux propositions contenues dans les Saintes Ecritures. Je parle de choses concernant la raison et la philosophie, non la révélation. En cela, je crois qu'une foi humble, explicite, nous convient (lorsque nous ne pouvons saisir ou comprendre la proposition) telle que le paysan papiste l'accorde aux propositions qu'il entend à la messe dite en latin.

Des esprits orgueilleux peuvent trouver cette attitude aveugle, papiste, soumise, irrationnelle. Quant à moi, je trouve qu'il est plus irrationnel, de prétendre contester, chicaner, tourner en ridicule les mystères sacrés, c'est-à-dire les propositions concernant des choses qui dépassent complètement notre savoir et qui sont hors de notre portée.

Quand j'arriverai à la connaissance complète d'un fait quelconque, alors seulement je professerai des croyances explicites. Introduction.

_____

(1) Var. éd. 1871 ; vu qu'il n'existe qu'une volition que l'on reconnaît être Dieu.

334. Complexité des idées doubles. Cela a trait aux couleurs considérées comme idées complexes.

335. Considérer la longueur sans la largeur, c'est ne considérer aucune longueur, quelle que soit la largeur.

336. Je peux dire que la terre, les plantes, etc., furent créées avant l'homme, puisqu'il y avait d'autres esprits pour les percevoir, avant la création de l'homme.

(p. **453**). — 337. Il y a un philosophe qui prétend que nous ne pouvons avoir une idée de la substance par aucune voie de la réflexion ou de la sensation et qui paraît supposer que nous avons besoin d'un sens spécial pour la percevoir. Mais si nous possédions un nouveau sens, il ne pourrait nous donner qu'une nouvelle idée. Or je suppose qu'il ne veut pas prétendre que la substance, à son avis, n'est qu'une idée. Pour ma part, je reconnais que je n'ai aucune idée capable de représenter la substance, dans le sens où elle est prise par ce philosophe et dans celui des philosophes de l'Ecole. Mais considérez-la au sens commun et vulgaire et alors nous voyons et nous sentons la substance. (p. **43**).

338. Que ce n'est pas la coutume vulgaire mais les scolastiques qui ont fabriqué le mot existence supposé représenter une idée générale abstraite.

339. Les auteurs de traités d'optique font fausse route dans leurs principes du jugement des grandeurs et des distances.

340. Il est évident que lorsque l'homme solitaire aurait appris à parler, les mots ne lui fourniraient pas des idées nouvelles, (excepté les sons et les idées complexes qui, quoique inconnus auparavant, pourraient être désignés par le langage), en plus de celles qu'il avait avant.

S'il n'avait pas, et ne pouvait avoir avant, d'idée abstraite, il ne pourrait pas en avoir, après qu'il aurait appris à parler.

341. *Homo est homo*, revient en définitive à Pierre est Pierre. Or si l'on cherche dans l'esprit de telles propositions identiques, on ne les y trouvera pas. Il n'y a pas de propositions mentales identiques. Il n'y a que sons et vocables.

342. Nous voyons par là que la doctrine de la certitude par les idées et de la preuve par les idées intermédiaires, se réduit à rien.

343. Nous pouvons arriver à la certitude et à la connaissance sans idées, c'est-à-dire sans autres idées que les mots et leur représentation d'une seule idée, c'est-à-dire la possibilité de les employer indifféremment.

344. Il me semble que nous n'avons aucune certitude sur les idées, mais seulement sur les mots. Il est inexact de dire : je suis certain, je vois, je sens, etc. Il n'y a pas de proposition mentale correspondante à ces mots, et il est reconnu de tous que, dans la perception pure, il n'y a ni affirmation, ni négation, et,

par suite, aucune certitude. (¹)   (p. **44**).

345. La raison pour laquelle nous pouvons faire de si bonnes démonstrations par les signes, c'est qu'ils sont complètement arbitraires et en notre pouvoir ; ils sont créés à volonté.

346. Le terme ambigu et obscur de relation que l'on dit former un champ de connaissances très vaste, nous confond et nous trompe.

(p. **454**). — 347. Quel est celui qui pourra me produire une démonstration non verbale, qui ne dépende pas de quelque principe faux, ou tout au moins de quelque principe de la nature, effet de la volonté divine et dont nous ne pouvons pas dire s'il ne sera pas bientôt changé ?

348. Que deviennent les *æternæ veritates* ? Elles s'évanouissent.

349. Mais, dites-vous, je trouve difficile de voir par-dessous les mots et de découvrir mes idées. Je vous réponds : l'usage rendra la chose facile. Dans la suite de mon livre, cette difficulté sera plus clairement expliquée.

350. Pour voir la difformité de l'erreur, nous n'avons qu'à découvrir (ses voiles).

351. *Cogito, ergo sum* : tautologie à laquelle aucune proposition mentale ne correspond.

352. La connaissance, la certitude, la perception de l'accord réciproque des idées, quant à l'identité, la diversité et l'existence réelle, disparaissent : la perception de relation devient purement nominale ; la perception des rapports de coexistence demeure. Locke était d'avis que notre savoir, dans ce dernier cas, se réduisait à peu ou à rien, tandis que c'est là seulement que paraît résider la connaissance véritable.

353. Nous devons, comme fait le vulgaire, placer la certitude dans les sens.

354. C'est le devoir d'un homme, c'est l'effet de l'amitié, de dire du bien d'un ami. Ne vous étonnez donc pas que je fasse ce que je fais.

355. Un homme d'intelligence lourde peut arriver à la vérité. Ma myopie elle-même pourrait me servir dans cette matière : elle m'obligera à rapprocher l'objet plus près de mes pensées. Une personne aveugle.... etc. Introduction.   (p. **45**.)

356. Locke à Limborch etc. Parler du *judicium intellectus* précédant la volition : je crois que *judicium* comprend la volition.

_____

(1) Cela paraît faux. Il y a certitude, certitude véritable, quand il s'agit des idées sensibles. Je peux être certain, sans affirmation ou négation. (Note de l'auteur).

Je ne peux d'aucune façon distinguer ces choses : *judicium, intellectus, indifferentia*, malaise envers beaucoup de choses accompagnant ou précédant chaque volition, comme, par exemple, le mouvement de la main.

357. Qu'entendez-vous par mes perceptions, mes volitions ?

Toutes les perceptions que je perçois, ou conçois, sont miennes ; toutes les volitions dont j'ai conscience sont miennes.

(p. **455**.) — 358. *Homo est agens liberum*. Que veut-on dire par *homo* et *agens* à cet endroit ?

359. Prétendra-t-on que les bêtes ont les idées d'unité et d'existence ?

Je ne le crois pas. Cependant si ces idées nous sont suggérées par toutes les voies des sensations, il est étrange qu'elles leur fassent défaut.

360. C'est une chose étrange et digne de notre attention que plus nous avons consacré de temps et de peine à étudier la philosophie, plus nous nous considérons comme des créatures ignorantes et faibles. Nous découvrons dans nos facultés des tares et des imperfections que d'autres ne découvrent jamais. Ils se trouvent contraints d'admettre beaucoup d'opinions illogiques et irréconciliables comme vraies. Il n'est rien de ce qu'ils touchent de la main, ou perçoivent par les yeux, dont les côtés obscurs ne soient plus étendus et plus nombreux que ce qui est perçu. Ils deviennent enfin sceptiques, du moins dans la plupart des choses. Je suppose que tout cela provient de...... Exorde. Introduction.

361. Ces hommes, dans leur orgueil méprisant, dédaignent les témoignages communs et distincts des sens. Ils veulent cueillir le savoir par gerbes et paquets. (Il arrive justement que, voulant trop embrasser à la fois, ils n'étreignent que l'air vide). Dans la profondeur de leur intelligence, ils contemplent les idées abstraites.

362. Il ne paraît pas improbable que les esprits les plus compréhensifs et les plus élevés voient plus de *minima visibilia* à la fois, c'est-à-dire que leurs systèmes visuels soient plus étendus.

363. Les mots, (je veux dire par là toutes sortes de signes), sont si nécessaires, dans leur emploi légitime et leur nature propre), qu'au lieu de nuire au progrès des sciences et de constituer un obstacle, il ne pourrait y avoir sans eux, en mathématiques, aucune démonstration. (p. **46**).

364. Bannir perpétuellement la métaphysique et rappeler les hommes au sens commun.

365. Nous ne pouvons concevoir d'autres esprits en dehors du nôtre que comme autant de « moi ». Nous nous supposons affectés de telles et telles pensées et de telles et telles sensations.

(p. **456**.) — 366. N'est-ce pas la création d'idées composées qui contribue surtout à nous distinguer des bêtes? Je me demande si une bête imagine vraiment, ou peut imaginer, un cheval bleu ou une chimère.

367. Les naturalistes ne distinguent pas la cause de l'occasion. Il serait utile d'étudier les coexistences d'idées ou occasions.

368. La morale peut être démontrée comme les mathématiques mélangées.

369. La perception est passive, mais cela ne la distingue pas de l'idée. Par conséquent, il ne peut y avoir d'idée de la volition.

370. Les caractères algébriques, ou lettres, sont des dénominations de dénominations. C'est pourquoi l'étude de l'arithmétique doit précéder celle de l'algèbre.

371. 2 couronnes sont appelées 10 shillings. Par là on peut juger de la valeur des nombres.

372. Les idées complexes sont des créations de l'esprit. Par là on peut juger de la nature des nombres. Approfondir cette idée.

373. Je suis plus exactement renseigné, je sais plus de choses, quand on me dit : voilà 10.000 hommes, que lorsqu'on me les montre alignés. Je suis plus capable de juger de la transaction que vous voulez me faire faire, lorsque vous me dites combien d'argent (le nom de l'argent) se trouve sur la table, que si vous me l'offrez et me le montrez sans le désigner. Je ne considère ni l'idée, ni l'aspect, mais le nom. Par là on peut juger de la nature des nombres.

374. Les enfants ne connaissent pas les nombres avant d'avoir fait quelque progrès dans leur langue. Cela ne pourrait pas être, si les nombres étaient des idées suggérées par tous les sens.

375. Les nombres ne sont rien que des noms, jamais des mots. (p. **47**)

376. Racines imaginaires. Mystère à déchiffrer.

377. Des idées d'utilité sont attachées aux nombres.

378. Dans les problèmes d'arithmétique, on ne cherche pas une idée de nombre. On ne cherche qu'une dénomination : c'est tout le profit qu'on en retire.

379. Enlevez les signes de l'arithmétique et de l'algèbre et dites-moi ce qu'il en reste.

380. Ces sciences sont purement verbales et complètement inutiles, sauf dans la pratique dans les sociétés humaines. Pas de connaissances spéculatives, pas de comparaisons d'idées, dans ces sciences.

(p. **457**). — 381. Ne peut-on mettre la géométrie parmi les mathématiques mixtes, l'arithmétique et l'algèbre étant seules

considérées comme sciences abstraites pures, c'est-à-dire tout
à fait nominales, et la géométrie n'étant qu'une application de
ces deux sciences aux points ?

382. Locke — des propositions insignifiantes. Noter et étudier
soigneusement ce chapitre (L. 4, c. 8)

383. L'existence, l'étendue, sont abstraites, c'est-à-dire ne sont
pas des idées. Ce sont des mots inutiles à la foule et inconnus
d'elle.

384. Le plaisir sensible est le souverain bien. Voilà le grand
principe de morale. Cela étant bien compris, toutes les doctrines, même le plus sévère des Evangiles, peuvent être clairement
expliqués.

385. Le plaisir sensible, en tant que plaisir, est bon et peut
être désiré du sage. Dans le cas où il est méprisable, ce n'est
pas en tant que plaisir, mais en tant que douleur et cause de
douleur, ou, ce qui revient au même, en tant que privation d'un
plus grand plaisir.

386 Après réflexion (je trouve que) plus nous voyons d'objets
à la fois, plus ils sont éloignés, et l'œil qui voit beaucoup de
choses ne peut en voir aucune de près.

387. J'entends par idée tout objet sensible ou pouvant être
imaginé.

388. Pour être sûr (de l'existence) des choses que nous ne
percevons pas actuellement, je dis ce que nous ne percevons
pas, non ce que nous n'imaginons pas), nous ne devons pas être
tout à fait passifs : il nous faut une disposition à agir, il doit y
avoir assentiment, ce qui est actif. Bien plus, que dis-je ? Il doit
y avoir véritable volition.   (p. **48**)

389. Que démontrons-nous en géométrie sinon que les lignes
sont égales ou inégales, c'est-à-dire ne peuvent porter le même
nom ?

390. J'approuve l'axiome suivant des scolastiques : *Nihil est
in intellectu quod non prius fuerit in sensu.* Je voudrais qu'ils
fussent restés fidèles à ce principe qui ne leur aurait jamais
enseigné la doctrine des idées abstraites.

(p. **458**.) — 391. *Nihil dat quod non habet* ou bien, l'effet
est contenu dans la cause, est un axiome que je ne comprends
pas, ou que je ne crois pas vrai.

392. Quiconque jettera les yeux sur les écrits des philosophes
anciens ou modernes et verra tout le bruit fait au sujet de l'être,
de la volonté objective et formelle, etc....

393. Absurde de prouver l'existence de Dieu par son idée.
Nous n'avons pas d'idée de Dieu, c'est impossible.

394. Une cause de beaucoup d'erreurs et de confusion, c'est
l'ignorance du sens du mot « réalité ».

395. Dans la 3e Méditation, Descartes s'appelle une substance
pensante ; il appelle une pierre substance étendue ; il ajoute
que les deux s'accordent sur un point, c'est que ce sont des

substances. Or dans le paragraphe suivant, il dit que l'étendue est un mode de la substance.

396. Dans la 2e Méditation, Descartes dit que la notion de cette cire particulière est moins claire que celle de la cire en général ; un peu avant ce passage, dans la même méditation, il s'abstient de considérer les corps en général, parce que ces conceptions générales, dit-il, sont ordinairement confuses.

397. Les philosophes prétendent communément que si l'âme humaine existait par elle-même, elle se serait attribué toutes les perfections possibles. C'est ce que je ne peux pas comprendre.

398. Pousser les hommes vers les plaisirs de la vue et de l'ouïe qui ne rassasient point et n'amènent pas après eux les maux que les autres entraînent.   (p. **49**).

399. Nous n'observons aucune variété, aucune différence, entre les volitions ; nous n'en observons que dans leurs effets.

C'est une volonté unique, un acte unique qui se différencie par ses effets. Cette volonté, cet acte, est l'esprit, ou principe agissant, âme, etc. Il n'est pas question de craintes, ni de jalousies, rien qui ressemble à un parti. (l'esprit de parti ?)

400. Locke, dans son livre IV, et Descartes, dans la 6e Méditation, emploient le même argument en faveur de l'existence des objets ; à savoir que, quelquefois, nous voyons, sentons, etc., contre notre volonté.

401. Tant que j'existe, tant que j'ai quelque idée, je veux perpétuellement, constamment. Mon acquiescement à l'état présent est le résultat de ma volonté.

402. L'existence de toute chose imaginable ne diffère en rien de l'imagination ou de la perception. La volition ou volonté n'étant pas imaginable, on ne doit pas avoir égard à son existence. (1er livre).

(p. **459**). — 403. Il y a quatre sortes de propositions. L'or est un métal. L'or est jaune. L'or est fixe. L'or n'est pas une pierre. De ces quatre propositions, la 1re, la 2e et la 3e, ne sont que nominales et n'ont aucune proposition mentale correspondante.

404. Dans la défense des sens, réfuter complètement ce que dit Descartes dans le dernier paragraphe de la dernière Méditation, à savoir que les sens lui donnent plus souvent des informations fausses que vraies ; que la sensation de douleur ne m'avertit pas que mon pied est blessé ou rompu, mais qu'ayant fréquemment remarqué que ces deux idées d'une douleur particulière et de mon pied blessé, vont ensemble, je les considère à tort comme inséparables, par une nécessité naturelle. Comme si la nature était autre chose que l'ordre établi par la libre volonté de Dieu !

405. Descartes reconnaît que nous ne connaissons pas une substance immédiatement par elle-même, mais par cela seul

qu'elle est le sujet de plusieurs actes. Réponse à la 2ᵉ objection de Hobbes.

406. Hobbes est, dans une certaine mesure, d'accord avec Locke, quand il dit que la pensée est à lui-même, comme la danse est au danseur...

407. Dans sa 3ᵉ objection, Hobbes se moque des expressions suivantes des scolastiques : la volonté veut, etc. Locke fait de même. Je suis d'un avis tout à fait différent.   (p. **50**)

408. En réponse à l'objection 3ᵉ de Hobbes, Descartes avoue qu'il est distinct de la pensée, comme une chose est distincte de son mode ou de sa manière.

409. L'opinion d'après laquelle l'existence serait distincte de la perception entraîne d'horribles conséquences ; c'est le fondement de la doctrine de Hobbes.

410. Dans le livre où il explique sa théorie, Malebranche diffère beaucoup de moi : il doute de l'existence des corps, tandis que je n'en doute nullement.

411. Je diffère des Cartésiens en ce que je soutiens que l'étendue, la couleur, existent réellement dans les corps et indépendamment de notre esprit. A exposer tout cela soigneusement et clairement.

(p. **460**.) — 412. Ne pas faire mention de la combinaison de pouvoirs, mais dire que les choses (les effets eux-mêmes), existent réellement, même quand elles ne sont pas perçues, mais toutefois par rapport à la perception.

413. Le grand emploi de chiffres indiens, par dessus les chiffres romains, montre que l'arithmétique porte sur des signes non sur des idées, non pas du moins sur des idées différentes des caractères eux-mêmes.

414. Le raisonnement peut exister pour les choses ou les idées, ou pour les actions ; mais la démonstration ne peut être que verbale.

415. Descartes dit : l'idée de Dieu n'est pas mon œuvre, car je ne puis rien ajouter ou rien retrancher à cette idée.

Il ne peut pas davantage ajouter ou retrancher à toute autre idée, même aux idées qu'il a créées lui-même.

416. C'est une grande erreur, chez Hobbes, de ne pas distinguer la volonté des idées. Il ne tient aucun compte des choses qui ne sont pas des idées.

417. A ce compte, direz-vous, tout n'est qu'idée, pur fantôme. Je vous réponds : tout est aussi réel que jamais. Je pense que le fait d'appeler une chose idée ne lui enlève rien de sa réalité. Je m'en serais peut-être tenu au terme « chose » et je n'aurais pas employé le terme « idée », si ce n'eût été pour une raison que je crois bonne et que je donnerai dans le livre II.   (p. **51**)

418. L'idée est l'objet de la pensée. La chose à laquelle je pense, quelle qu'elle soit, je l'appelle idée. La pensée elle-même

ou l'action de penser, n'est pas une idée, c'est un acte, c'est-à-dire une volition, c'est-à-dire encore, en tant qu'elle s'oppose aux effets, la volonté.

419. Locke (L. 4. c. 5) ne donne pas le véritable motif de la difficulté des propositions mentales. Ce n'est pas à cause des idées complexes, mais à cause des idées abstraites. L'idée de cheval est aussi complexe que celle de courage. Pourtant, quand je dis : le cheval est blanc, je forme une proposition mentale avec facilité. Mais quand je dis : le courage est une vertu, je trouve difficile ou même impossible d'arriver à une proposition mentale.

420. Je ne comprends pas ce qu'est l'entendement pur.

(p. **461**). — 421. Locke est dans le vrai quand il diffère des cartésiens et ils ne peuvent qu'approuver ses idées, s'ils restent fidèles à leurs principes, ou aux causes d'existence et aux autres idées abstraites.

422 Les propriétés de toutes les choses sont en Dieu : dans la Divinité il y a jugement et volonté. Dieu n'est pas un agent aveugle : en vérité, agent aveugle est une contradiction.

423. Je suis certain qu'il y a un Dieu, quoique je ne le perçoive pas et n'en aie pas l'intuition. Cela ne présente pas de difficulté, si nous comprenons bien le sens du mot certitude.

424. Il semble que l'âme, prise pour la volonté, soit immortelle, incorruptible.

425. Question. La perception doit-elle nécessairement précéder la volition ?

426. L'erreur n'est pas dans le jugement, mais plutôt dans la volonté. Ce que je comprends ou perçois, tout cela je le comprends. En cela, il ne peut y avoir d'erreur.

427. Prendre note de l'exemple de la femme qui craint de se mouiller, dans Locke, et montrer, dans l'Introduction, qu'il est possible de raisonner sur les idées ou les choses.

428. Descartes et Malebranche parlent ainsi : Dieu nous a donné un vif penchant à croire que nos idées proviennent des corps, ou que les corps existent. Qu'entendent-ils par là ? (p. **52**)

Prétendraient-ils que les idées de l'imagination soient les images des idées des sens et qu'elles en dérivent ? Bien que cela soit vrai, cela ne peut être ce qu'ils veulent dire, car ils parlent d'idées des sens venant elles-mêmes de je ne sais quoi et semblables à je ne sais quoi.

429. *Cartesius per ideam vult omne id quod habet esse objectivum in intellectu.*

430. Ne peut-il pas y avoir de jugement sans volonté ?

431. Le jugement est en quelque sorte un acte.

432. Sottise de Hobbes qui parle de la volonté, comme si elle se réduisait au mouvement avec lequel elle n'a aucune analogie.

433. Les idées des sens sont les choses réelles ou archétypes. Les idées de l'imagination, les rêves, etc, sont les copies, les images des premières.

434. Mes doctrines étant bien comprises, toute cette philosophie d'Epicure, d'Hobbes, de Spinoza, etc., qui s'est montrée ennemie déclarée de la religion, s'effondre.

(p. **462**). — 435. Hobbes et Spinoza conçoivent Dieu comme étendu, Locke paraît aussi faire de même.

436. *Ens, res, aliquid dicuntur termini transcendentales.* Spinoza (p. 76, prop. 40, *Eth.*, part. 2) donne une explication bizarre de leur original ainsi que de l'original des universaux : *homo, canis*, etc.

437. Spinoza (Préface, *Opera Posth*) fait de Dieu « la cause immanente de toutes choses » et, pour appuyer cette opinion, il produit celle de St Paul : en Lui nous vivons, etc. Or cette idée de St Paul peut être expliquée par ma doctrine aussi bien que par celles de Spinoza, Locke, Hobbes, Raphson, etc.

438. La volonté est acte pur, ou plutôt elle est pur esprit, ni imaginable, ni sensible, ni intelligible ; elle ne peut, en aucune manière, être l'objet de l'entendement ou être perçue. (p. **53**).

439. La substance d'un esprit est ce qui agit, cause, veut, opère, ou, si vous préférez, (pour éviter l'équivoque à laquelle pourrait donner lieu le mot « ce ») la substance d'un esprit agit, cause, veut, opère. Elle n'est pas connaissable, parce qu'elle n'est pas une idée.

440. Pourquoi ne concevrions-nous pas que Dieu puisse tirer les choses de rien ? Nous sommes assurément créateurs nous-mêmes, quand nous imaginons.

441. *Ex nihilo fit nihil.* Ce principe, dit Spinoza, (*Opera Posth.*, p. 464) et les principes semblables sont appelés *veritates æternae*, parce que « *nullam fidem habent extra mentem* ». Pour que cet axiome eût une signification positive, on devrait le formuler ainsi : toute idée a une cause, c'est-à-dire est le produit d'une volonté.

442. Les philosophes parlent beaucoup d'une distinction entre les choses absolues et les choses relatives, ou bien entre les choses considérées dans leur propre nature et les mêmes choses considérées par rapport à nous. Je ne sais pas ce qu'ils entendent par choses considérées en elles-mêmes : c'est un non-sens, un jargon.

(p. **463**.) — 443. Il semble qu'il ne puisse pas y avoir de perception d'idée sans la volonté, vu qu'il n'y a pas d'idées assez indifférentes qu'on ne les préfère à l'annihilation, ou qu'on ne préfère l'annihilation à ces idées.

S'il y a équilibre parfait, il doit être produit par un mélange égal de plaisir et de peine, car il n'y a pas d'idées si complètement dépourvues de peine et de malaise qui ne soient préférables à l'annihilation.

444. *Recipe in animum tuum, per cogitationem vehementem, rerum ipsarum, non literarum aut sonorum imagines.* Hobbes contre Wallis.

445. Une perfection dont nous pouvons supposer l'existence chez les esprits supérieurs, c'est qu'ils peuvent voir beaucoup de choses à la fois avec la plus grande clarté, tandis que nous ne pouvons voir qu'un seul point.

446. Quand je m'occuperai des mathématiques, j'étudierai la controverse entre Hobbes et Wallis. (p. **54**)

447. Chacune de mes sensations qui résulte des lois générales connues, de la nature, et qui vient du dehors, c'est-à-dire qui est indépendante de ma volonté, démontre l'existence d'un Dieu, d'un esprit inétendu, incorporel, qui est omniprésent, omnipotent, etc.

448. Je ne dis pas, d'accord avec John Sergeant, que je vois les corps solides. Je repousse sa philosophie solide : la solidité n'est perçue que par le toucher.

449. Il me semble que la volonté et l'entendement, les volitions et les idées, ne peuvent pas être séparées, et que l'une ne puisse pas exister sans l'autre.

450. D'une manière ou d'une autre, je dois avoir des idées, aussi longtemps que j'existe ou que je veux, sans qu'aucune idée ou catégorie d'idées soit essentielle.

451. Je ne peux autrement concevoir la différence entre l'idée et l'objet de l'idée, qu'en faisant de l'une l'effet ou la conséquence d'un rêve, d'un songe, de l'imagination, de l'autre l'effet des sens, et des lois constantes de la nature.

(p. **464**.) — 452. *Dico quod extensio non concipitur in se et per se, contra quam dicit Spinoza, in Epist. 2ᵃ, ad Oldenburgium.*

453. Je trouve ma définition de Dieu beaucoup plus claire que les définitions suivantes de Descartes et Spinoza : *Ens summe perfectum et absolute infinitum ;* ou bien : *Ens constans infinitis attributis quorum unumquodque est infinitum.*

454. Nous sommes surtout induits en erreur par la connexion existant entre les idées tangibles et les idées visibles, et non par les idées visibles elles-mêmes.

455. Notre grande erreur, c'est que nous ne savons pas ce que nous entendons par les mots « nous », notre « moi », notre « esprit ». Il est tout à fait certain que nos idées sont distinctes de l'intelligence, c'est-à-dire de la volonté, de l'esprit.

456. Il ne faut pas que je donne le jugement comme une faculté ou partie de l'intelligence. Il faut que je comprenne le jugement et la volonté dans le mot esprit par lequel j'entends tout ce qui est actif. Ne pas dire que le jugement ne diffère pas des idées particulières, ou que la volonté ne diffère pas des volitions particulières.

457. L'esprit, l'intelligence, n'est ni une volition, ni une idée. (p. **55**.)

458. J'affirme qu'il n'y a pas, à proprement parler, d'autres causes que des causes spirituelles, rien d'actif en dehors de l'esprit. Vous me direz : ce n'est qu'une distinction verbale ; vous ne faites qu'ajouter un nouveau sens au mot cause et, dans ce cas, pourquoi d'autres ne conserveraient-ils pas le vieux sens ? Pourquoi n'appelleraient-ils pas une idée la cause d'une autre idée qui l'accompagne toujours ? — Si vous faites ainsi, vous répondrai-je, je vous pousserai à des conséquences absurdes et vous serez entraîné à professer telles opinions que vous serez heureux de rejeter, si vous restez fermement attaché à cette signification du mot cause.

459. En appréciant le bien, nous comptons trop sur le bien présent et notre propre bien.

460. Il y a deux espèces de plaisirs : l'une est établie en vue de nous exciter à une autre action et elle a envers cette dernière une relation et une subordination visibles ; l'autre espèce n'est pas du même ordre. Ainsi le plaisir de manger est de la première catégorie de plaisirs, et le plaisir de la musique est de la seconde. Ceux-ci servent à récréer notre esprit, ceux-là ne servent point à cette fin, car ils ont leur fin propre.

(p. **465**.— 461. Trois sortes de connaissances utiles : 1° connaissance des rapports de coexistence, à étudier dans nos principes de physique ; 2° connaissance des rapports de relations, dans les mathématiques ; 3° de la définition, de la limitation, du langage, dans la morale ; cette dernière connaissance ne diffère peut-être pas des rapports de relation.

462. Vouloir, entendement, désir, haine, etc., en tant qu'ils sont des actes, ou actifs, ne diffèrent pas. Toute leur différence consiste dans leurs objets, dans les circonstances, etc.

463. Nous devons soigneusement distinguer deux sortes de Causes : les causes physiques et les causes spirituelles.

464. Les causes physiques peuvent plus proprement s'appeler des occasions. Nous pouvons pourtant, par déférence, continuer à les appeler des causes, mais il est entendu que ces causes ne font rien. (p. **56**.)

465. Suivant Locke, nous devons être dans un malaise perpétuel, pendant toute notre vie, sauf pendant le sommeil ou la catalepsie, parce qu'il soutient que la continuation d'une action est, à son sens, une action, par suite exige une volition, et cette dernière un malaise.

466. Je ne dois pas avoir la prétention de promettre des démonstrations nombreuses. Je dois effacer tous les passages qui laissent paraître cette sorte d'orgueil, cette manière de faire

naître des espérances chez mon ami. (¹)

467. Si tel est le cas, on ferait mieux de ne pas philosopher du tout : de même qu'une personne difforme ne doit rien trouver à reprocher, quand elle se voit à la lumière réfléchie d'un miroir.

468. Ou encore, comme des personnes difformes qui, s'étant regardées à la lumière réfléchie d'un miroir, sont mécontentes de leurs infirmités.

469. A quoi peut ressembler une idée, si ce n'est à une autre idée ? Nous ne pouvons pas la comparer à autre chose : un son est semblable à un son, une couleur est semblable à une couleur.

470. N'est-ce point un non sens de prétendre qu'une odeur ressemble à une chose qui ne peut être sentie et qu'une couleur ressemble à une chose qui ne peut pas être vue?

471. Les corps existent hors de l'esprit, c'est-à-dire ne sont pas l'esprit, mais sont séparés de l'esprit : je le concède, car l'esprit est chose tout à fait différente.

472. Assurément nous ne verrions pas le mouvement, s'il n'y avait pas de diversité dans les couleurs.

473. Le mouvement est une idée abstraite, c'est-à-dire qu'il n'existe pas une pareille idée capable d'être conçue par elle-même.

474. Les contradictions ne peuvent être l'une et l'autre vraies. On est obligé de répondre aux objections tirées des conséquences.

475. La volonté et la volition sont des termes que le vulgaire n'emploie pas. Les savants sont dupes, parce qu'ils se servent de ces mots pour désigner les idées abstraites.

476. (A propos des) mathématiques théoriques : comme si quelqu'un passait sa journée à faire des nœuds difficiles, pour avoir le plaisir de les défaire.

477. Quoique les choses eussent pu être autrement, il est utile que le même objet qui est matière visible soit aussi matière tangible ou quelque chose de bien approchant.

478. Ne pas désigner l'âme ou l'esprit par le terme scolastique « acte pur », mais plutôt l'appeler « pur esprit », « être actif ».

479. Ne pas dire que la volonté et l'entendement ne font qu'un, mais qu'ils sont tous les deux des idées abstraites, c'est-à-dire qu'ils ne sont nullement des idées, puisqu'ils ne sont pas même différents de l'esprit en tant que facultés, ou en tant qu'actifs.

(p. **57**).

---

(1) chez le lecteur?

480. Il est dangereux de faire de l'idée et de la chose des termes convertibles. Ce serait le moyen de prouver que les esprits ne sont rien.

481. Question : Le terme « *veritas* » ne représente-t-il pas une idée abstraite ?

482. Il est clair que les modernes doivent, d'après leurs propres principes, reconnaître qu'il n'existe pas de corps, aucune espèce de corps, hors de l'esprit, c'est-à-dire des corps non perçus.

483. Question : la volonté peut-elle être objet de prescience ou de quelque connaissance ?

484. S'il n'existait qu'une boule dans le monde, elle ne pourrait pas être mise en mouvement. Il ne pourrait y avoir de variété d'aspect.

485. Suivant la doctrine de la divisibilité infinie, il doit exister une certaine odeur de rose, à une distance infinie de cette fleur.

486. Bien que l'étendue n'existe que dans l'esprit, elle n'est pas une propriété de l'esprit : l'esprit peut exister sans elle ; elle ne peut exister sans l'esprit. Mais je montrerai, dans le livre II, avec détail, quelle différence existe entre l'âme et le corps, ou être étendu.

487. Locke pose une question absurde, quand il demande si l'homme est libre de vouloir.

(p. **467**). — 488. Rechercher l'explication de la règle pour la détermination des questions algébriques.

489. D'autres (philosophes) ont déjà fait remarquer que les noms ne sont nulle part plus nécessaires que dans le calcul.

490. Je reconnais qu'on peut dire que l'étendue, la couleur, peuvent exister hors de l'esprit, à un double point de vue : comme indépendantes de notre volonté, et comme distinctes de l'intelligence.

491. Assurément il n'est pas impossible qu'un homme arrive à la possession de toute vérité réelle, sans l'aide des signes ou avec l'aide des signes, s'il avait une mémoire et une imagination très fortes et très étendues.

C'est pourquoi le raisonnement et la science ne dépendent pas entièrement de mots ou de noms.   (p. **58**.)

492. Je ne crois pas que les choses arrivent par nécessité : il n'existe pas deux idées dont la connexion soit nécessaire. Tout résulte de la liberté, tout est volontaire.

493. Qu'un homme, les yeux fermés, se représente par l'imagination, le soleil et le firmament, vous ne direz pas que cet homme, ou son esprit, soit le soleil, ou chose étendue, quoique ni le soleil, ni le firmament, ne soient hors de son esprit.

494. Il est étrange de trouver des philosophes qui se demandent s'ils ont ou s'ils n'ont pas, des idées de choses spirituelles. C'est assurément facile à connaître. Voir De Wries, *De ideis innatis*, p. 64.

495. De Wries soutient que nous connaissons l'accord de l'esprit avec les choses, non par l'idée, mais par le sens (intime) ou conscience. Tel est aussi l'avis de Malebranche. Distinction vaine.

496. 28 août 1708. — Aventure de la (chemise)?

(p. **468**.) — 497. Il serait désirable que les personnes de très haute naissance, au sommet des honneurs et de la fortune, fissent en sorte, par leur éducation, leur activité, leur culture littéraire et leur amour de la vertu, de surpasser tous les autres hommes par leur savoir et par toutes les qualités nécessaires pour l'accomplissement des grandes actions, autant qu'elles les surpassent en qualité et en titres. De cette sorte, les princes pourraient toujours choisir, parmi eux, des hommes propres à tous les emplois et aux missions les plus nobles.

498. Une éternité plus grande qu'une autre éternité de la même espèce.

Dans quel sens l'éternité peut être limitée.

499. Y a-t-il succession d'idées dans l'Intellect divin ?

500. Le temps est la série des idées qui se succèdent l'une à l'autre.

501. La durée non distincte de l'existence.

502. La succession expliquée par avant, entre, après, et le calcul.

503. Pourquoi le temps, dans la douleur, est-il plus long que dans le plaisir ?

504. La durée infiniment divisible, le temps ne l'est pas.

505. Le même « moment présent » n'est pas commun à toutes les intelligences. (p. **59**.)

506. Le temps jugé infiniment divisible à cause de sa mesure.

L'étendue non infiniment divisible en un sens.

507. Les révolutions mesurent immédiatement la suite des idées, elles mesurent médiatement la durée.

508. Le temps est une sensation : par suite il existe seulement dans l'esprit.

509. L'éternité n'est qu'une série d'idées innombrables : d'où, l'on peut aisément concevoir l'immortalité de l'âme, ou plutôt l'immortalité de la personne, celle de l'âme n'étant pas nécessaire, autant que nous pouvons en juger.

510. La rapidité des idées, comparée à la rapidité des mouvements, montre la sagesse de Dieu.

Qu'arriverait-il si la succession des idées était plus rapide, où si elle était plus lente ?

511. La chute d'Adam, la pratique de l'idolâtrie, de l'Epicurisme et du Hobbisme, les discussions sur la divisibilité de la matière, etc., sont expliquées par les substances matérielles.

512. L'étendue est une sensation, c'est pourquoi elle n'est pas hors de l'esprit.

513. Dans l'hypothèse immatérialiste, le mur est blanc, le feu est chaud, etc.

514. On prouve que les idées premières n'existent pas dans la matière, de la même manière que l'on prouve que les idées secondes n'y existent pas.

515. Les démonstrations de la divisibilité infinie de l'étendue supposent une longueur sans largeur ou une longueur invisible, ce qui est absurde.

516. Le monde dépourvu de pensée est un *nec quid, nec quantum, nec quale*, etc.

Quel spectacle étonnant que le monde dépourvu de toutes les intelligences !

(p. **469**). — 517. A proprement parler, les personnes seules, ou les choses conscientes, existent. Toutes les autres choses ne sont pas tant des existences que des modes de l'existence des personnes.

518. A propos de l'âme, ou plutôt de la personne, n'est-elle pas complètement connue ?

519. La divisibilité infinie de l'étendue suppose l'existence extérieure de l'étendue ; or, cette dernière est fausse, donc la première l'est aussi. -

520. L'aveugle auquel la vue serait rendue pourrait-il reconnaître le mouvement à première vue ?

521. Le mouvement, la figure, l'étendue percevables par la vue, sont différentes des idées perçues par le toucher qui portent le même nom. (p. **60**).

522. La diagonale est incommensurable avec le côté. Chercher comment cela peut être dans mon système.

523. Comment concilier les deux sortes de mouvement établies par Newton, dans mon système ?

524. La limite extrême des surfaces et des lignes non percevable *per se*.

525. L'aveugle de Molyneux ne reconnaîtrait pas la sphère ou le cube comme corps ou choses étendues à première vue.

526. L'étendue est si loin d'être incompatible avec la pensée qu'il est impossible qu'elle existe sans cette dernière.

L'étendue elle-même, ou quoi que ce soit d'étendu, ne peut penser, puisque tout cela n'est qu'idées pures ou sensations dont l'essence nous est entièrement connue.

527. Pas d'autre étendue que la surface percevable par la vue.

528. Quand nous imaginons deux boules se mouvant dans le vide, nous ne faisons que concevoir une personne affectée de ces sensations.

529. L'existence de l'étendue dans une chose dépourvue de pensée, (ou plutôt dans une chose dépourvue de perception, parce que la pensée paraît impliquer l'action,) est contradictoire.

530. On demande si l'étendue visible est proportionnelle à l'étendue tangible ?

531 Dans certains rêves, la succession des idées plus rapide que dans d'autres occasions.

532. Si une partie de matière est douée d'étendue, cette étendue doit être déterminée par une grandeur et une figure particulières ; or, etc...

533. Rien ne correspond au dehors à nos idées premières que des pouvoirs. De là, une démonstration directe et brève d'un Etre actif et puissant, distinct de nous, et dont nous dépendons.

(p. **470**.) — 534. Le nom des couleurs réellement donné aux qualités tangibles. — Rapporter l'histoire du comte allemand.

535. Comment les qualités visibles et tangibles en sont-elles venues à porter le même nom dans toutes les langues ?

536. Question — L'être ne pourrait-il pas être la substance de l'âme, ou bien encore, est-ce que l'être ajouté aux facultés complète l'essence réelle et la définition adéquate de l'âme ? (p. **61**.)

537. Est-il possible, dans l'hypothèse de l'existence des corps extérieurs, que nous sachions qu'un corps est absolument au repos, puisque cela supposant des idées beaucoup plus lentes qu'à présent, les corps qui paraissent maintenant se mouvoir, paraîtraient alors au repos ?

538. Quelle est la chose qui peut ressembler le plus à une sensation si ce n'est une sensation ?

539. Quelqu'un a-t-il jamais vu autres choses que ses idées, pour qu'il compare les choses aux idées, et trouve celles-ci semblables à celles-là ?

540. L'âge d'une mouche, autant que nous le sachions, peut être aussi avancé que l'âge d'un homme.

541. L'hétérogénéité de la distance visible et de la distance tangible démontrée de trois manières différentes :

1° Si un pouce tangible est égal à un pouce visible, (ou s'il existe tout autre rapport entre eux), il suit de là que des choses inégales sont égales, ce qui est absurde ; car à quelle distance le pouce visible devrait-il être placé pour être égal au pouce tangible ?

2° Un aveugle recouvrant la vue, qui n'aurait pas encore vu ses propres membres, ou tous les objets qu'il aurait touchés, en voyant la longueur d'un pied, reconnaîtrait que c'est la longueur d'un pied, si le pied tangible et le pied visible étaient une même idée ; *sed falsum id, ergo et hoc.*.

3° Par le problème de Molyneux qui autrement est faussement résolu par Locke et par lui.

542. Les idées seules percevables.

543. On ne peut comparer ensemble deux choses, sans les percevoir séparément. On ne peut donc dire de toute chose qui n'est pas une idée, qu'elle est semblable, ou non, à une idée.

(p. **471**). — 544. Les corps existent, même quand ils ne sont pas perçus, en puissance dans l'Etre actif.

545. L'idée de succession, dit Locke, est une idée simple (la succession est une idée abstraite, par suite une idée inconcevable).

546. L'étendue visible est proportionnelle à l'étendue tangible ; elle est aussi créée et diminuée en partie. De là vient que l'une est prise pour l'autre.

547. Si l'étendue existe hors de l'esprit, dans les corps, est-ce l'étendue tangible ou visible, ou toutes les deux ?   (p. **62**)

548. Les propositions mathémathiques sur l'étendue et le mouvement vraies à un double sens.

549. L'étendue est jugée particulièrement inerte, parce qu'elle n'est pas accompagnée de plaisir et de peine : de là vient qu'on croit qu'elle existe dans la matière ; également par la raison qu'elle était conçue comme étant commune à deux sens ; enfin parce qu'elle est constamment perçue par eux.

550. Un aveugle (recouvrant la vue) ne pourrait pas reconnaître, à première vue, à quelle distance de lui seraient les objets qu'il verrait ; il ne pourrait même pas dire s'ils sont hors de lui ou dans son œil. Question. Ne serait-il pas de cette dernière opinion ?

551. Le même aveugle ne pourrait pas, à première vue, connaître que les objets qu'il voit sont étendus, jusqu'à ce qu'il eût vu, ou touché, un objet semblable, parce qu'il ne saurait pas comment le minimum tangible doit apparaître dans la vision.

552. Produire l'argument des particules homogènes, en réponse à l'objection d'après laquelle Dieu aurait créé le soleil, les plantes, etc., avant les animaux.

553. Deux séries infinies d'étendue dans chaque corps : une série d'étendue visible, l'autre d'étendue tangible.

554. Tous les objets, chez un aveugle, vus d'abord en un point.

555. L'ignorance des verres (d'optique) a fait croire à l'existence de l'étendue dans les corps.

556. Les parties homogènes de la matière ; utilité de l'étude de ces parties.

557. L'étendue, si elle existe dans la matière, change son rapport avec le minimum visible qui paraît être fixe.

558. Question — Est-ce que le *minimum visibile* est fixe ?

559. Chaque particule de matière, si elle est étendue, doit être infiniment étendue, ou posséder une série infinie d'étendue.

(p. **472**.) — 560. Si l'on accorde que l'univers est fait de matière, (il faut avouer) que c'est l'esprit qui lui donne beauté et harmonie.

561. Ce que j'ai dit prouve simplement qu'il n'y a, ni toujours, ni chez tous les hommes, de proportion entre un pouce visible et un pouce tangible.

562. L'étendue visible et l'étendue tangible sont hétérogènes, parce qu'elles n'ont pas de commune mesure ; parce que leurs éléments, ou parties constituantes les plus simples, à savoir le *punctum visibile* et le *punctum tangibile* sont spécifiquement différents. N. B. La première raison ne me paraît pas bonne.

563. Par l'immatérialisme, on résout le problème de la cohésion des corps, ou plutôt la discussion cesse. (p. **63**).

564. L'idée que nous appelons étendue n'est d'aucune manière susceptible d'être infinie : elle n'est ni infiniment grande, ni infiniment petite.

565. La plus grande étendue possible est vue sous un angle moindre que 180 degrés dont les côtés viennent des extrémités de cette étendue.

566. En accordant qu'il existe des substances étendues, solides, en dehors de l'esprit, il est impossible que l'esprit puisse les connaître ou les percevoir, car, de l'aveu des matérialistes eux-mêmes, il ne perçoit que les impressions faites sur le cerveau, ou plutôt les idées qui accompagnent ces impressions.

567. L'unité *in abstracto* n'est pas divisible, puisqu'elle n'est, pour ainsi dire, qu'un point, ou, d'après Barrow, rien du tout ; elle n'est pas *in concreto* divisible *ad infinitum,* car aucune idée ne peut être démontrée *ad infinitum.*

568. Tout sujet peut posséder chaque sorte de qualités premières, mais seulement une qualité particulière à la fois. Locke, L. IV, c. 3, s. 15.

569. Avons-nous une idée claire des grands nombres, ou seulement de leurs relations ?

570. Sur l'idée de solidité, voir Locke, Liv. III, c. 4, s, 1, 5, 6.

Si quelqu'un demande ce qu'est la solidité, qu'il prenne une pierre entre les mains et il le saura. L'étendue du corps est la continuité de solide ; l'étendue de l'espace est la continuité du non-solide, etc.

571. Pourquoi ne pourrais-je pas dire que l'étendue visible est une continuité de points visibles, que l'étendue tangible est une continuité de points tangibles ?

572. Remarquer que je ne suis pas d'accord avec les sceptiques, Fardella, etc., en ce que je suis assuré de l'existence des corps, dont ils doutent.

(p. **473**). — 573. Je suis plus assuré de l'existence et de la réalité des corps que Mr Locke, parce qu'il n'aspire qu'à ce qu'il appelle la connaissance sensible, tandis que je crois avoir une connaissance démonstrative de l'existence des corps par lesquels je veux désigner une combinaison de pouvoirs dans un *substratum* inconnu. (p. **64**)

574. Les idées que nous appelons figure et étendue ne sont pas les images de la figure et de l'étendue de la matière, celles-ci (à supposer toutefois qu'elles existent,) étant infiniment divisibles, celles-là au contraire ne le sont pas.

575. Il est impossible qu'un cube matériel puisse exister, parce que les arêtes d'un cube apparaîtront douées de largeur à une vue perçante.

576. Nous mourons, ou tombons dans l'annihilation, souvent dans un même jour.

577. Des forces. Y en a-t-il plus d'une, ou une seule ?

578. Les longueurs abstraites des largeurs sont l'œuvre de l'esprit. De telles longueurs se coupent en un point à tous les angles. De la même manière on abstrait la couleur de l'étendue.

579. Chaque position change la ligne.

580. Les idées d'étendue sont-elles faites d'autres idées ? L'idée d'un pied est-elle faite des idées générales d'un pouce ?

581. L'idée d un pouce n'est pas une idée déterminée. Chercher, par suite, les causes de notre erreur, quand nous jugeons de l'étendue par la vue ; il est également utile de considérer les changements fréquents et subits de l'étendue, par position.

Pas d'idée déterminée des longueurs sans un minimum.

582. La substance matérielle raillée par Locke (L. II, ch. 13, s. 10).

583. Dans mon système, toutes les absurdités provenant d'un espace infini, etc., cessent.

584. Question. Si les choses que nous voyons (pour employer un langage vulgaire,) étaient toutes, à chaque fois, trop petites pour être senties, aurions-nous confondu l'étendue et la figure tangibles avec l'étendue et la figure visibles ?

585. S'il y a succession d'idées dans l'Esprit Eternel, un jour ne paraît-il pas à Dieu durer 1000 années, plutôt que 1000 années un jour ?

(p. **474**.) — 586. Une seule couleur et ses degrés.

587. Recherches à faire sur une grande erreur des écrivains de dioptrique et commise en déterminant la cause du grossissement des objets par le microscope.   (p. **65**)

588. Est-ce qu'un aveugle né (à qui la vue serait rendue) donnerait tout d'abord le nom de distance à toute idée fournie par la vue, puisqu'il prendrait la distance qu'il aurait perçue par le toucher, comme quelque chose existant hors de l'esprit, tandis qu'il croirait certainement qu'aucun des objets de la vue ne se trouve hors de l'esprit ?

589. S'il n'existait pas de corps dans la *rerum natura*, l'espace ne serait pas étendu, car il n'aurait pas de parties, puisque ces parties lui sont attribuées par rapport au corps, d'où dérive aussi l'idée de distance. Or, sans partie, sans distance, ou sans esprit, comment pourrait-il y avoir un espace, ou quoi que ce soit, en dehors d'un rien uniforme ?

590. Deux démonstrations par lesquelles les aveugles auxquels la vue est rendue ne croiraient pas voir toute chose hors de l'esprit ou non en un seul point : l'une tirée des yeux microscopiques, l'autre de l'impossibilité de percevoir la distance ou rayon de la sphère visuelle.

591. Les arbres sont dans le parc, que je le veuille, ou non, que je me représente ces arbres, ou non. Que j'aille dans ce lieu, que j'ouvre les yeux, pendant le jour, et je ne pourrai m'empêcher de les voir.

592. Par étendue, l'aveugle entendrait soit la perception causée, par le toucher, de quelque chose qu'il appellerait étendu, ou bien le pouvoir de faire naître cette perception, pouvoir qui se trouve en dehors, dans la chose qualifiée étendue. Or il ne pourrait connaître ni l'un, ni l'autre comme existant dans les choses visibles, avant qu'il en eût fait l'expérience.

593. La géométrie paraît avoir pour objet l'étendue tangible, les figures et le mouvement, et non l'étendue visible.

594. Un homme dit qu'un corps paraît aussi grand qu'avant, quoique l'idée visible qu'il fait naître soit moindre que ce qu'elle était : c'est pourquoi la grandeur ou étendue tangible du corps est différente de l'étendue visible.

(p. **475**.) — 595. L'étendue, ou espace, n'est pas une idée simple, la longueur, la largeur et la solidité étant trois idées distinctes.

596. L'idée de profondeur ou solidité *actuellement* perçue par la vue.   (p. **66**.)

597. Etrange impuissance de l'homme ! Sans Dieu, il est plus misérable qu'une pierre ou un arbre, car il n'a que le pouvoir d'être malheureux, par suite de la non exécution de ses volontés qui n'ont aucun pouvoir.

598. La longueur percevable par l'ouïe ; longueur et largeur par la vue ; longueur, largeur et profondeur, par le toucher.

599. Ce qui affecte nos sens doit être une chose pensante, car ce qui ne pense pas ne peut pas subsister.

600. Le nombre n'est pas dans les corps : c'est une création de l'esprit ; il dépend entièrement de notre réflexion ; il est, plus ou moins, ce que l'esprit veut qu'il soit.

601. L'étendue serait-elle une sensation, comme la couleur ?

Le peuple n'emploie pas le mot étendue ; c'est un terme abstrait des écoles.

602. Figure ronde , perception ou sensation de l'intelligence, mais pouvoir dans le corps. Locke, L. II, c. 8, s. 8.

603. Bien noter la dernière partie de la section citée.

604. Les solides, ou tout autre objet tangible, ne sont pas plus vus que les couleurs ne sont senties par le comte allemand.

605. Les mots « de » et « chose » causes d'erreur.

606. Le point visible de celui qui a des yeux microscopiques n'est pas plus grand ou plus petit que le mien.

607. Est-ce que diverses propositions, ou même axiomes de géométrie, ne supposent pas l'existence de lignes, etc., hors de l'esprit ?

608. Le mouvement est-il la mesure de la durée! (Locke, L. II, ch. 14, s. 19.)

609. Les lignes et les points, en tant que limites, sont des idées différentes des lignes et points absolument conçus.

610. Chaque position (différente) change une ligne.

611. L'aveugle ne jugerait pas tout d'abord que les couleurs sont extérieures à son esprit ; elles lui paraîtraient occuper la même place que l'étendue colorée : donc l'étendue ne lui paraîtrait pas hors de l'esprit.

(p. **476**.) — 612. Tous les cercles concentriques visibles dont l'œil est le centre, sont absolument égaux.   (p. **67**).

613. Du nombre infini ; raison de son absurdité ; difficulté mal résolue par Locke. (*Essay*. L. II, ch. 16, s. 8)

614. Questions. Comment pouvons-nous voir les plans ou les lignes droites ?

615. Pourquoi la lune paraît-elle plus grande à l'horizon ?

616. Pourquoi voyons-nous droits les objets qui sont peints renversés ?

617. Question posée par M. Deering au sujet du voleur et du paradis.

618. Quoique nous accordions que la matière existe, elle peut n'être pas d'une dimension supérieure à une tête d'épingle.

619. Le mouvement est proportionnel à l'espace parcouru dans un temps donné.

620. La vitesse n'est pas proportionnelle à l'espace parcouru dans un temps donné.

621 Pas d'autre pouvoir actif que la volonté, c'est pourquoi la matière, si elle existe, ne nous affecte pas.

622. L'idée de grandeur considérée simplement comme la *ratio partium extra partes*, ou plutôt comme une coexistence et une succession, sans considération des parties coexistantes et successives, est infiniment, ou indéfiniment, ou pas du tout, peut-être, divisible, parce qu'elle est elle-même infinie ou indéfinie. Mais les grandeurs définies, déterminées, c'est-à-dire les lignes ou les surfaces qui sont formées de points par lesquels elles sont déterminées, (ainsi que par la distance et la position), peuvent se résoudre en ces mêmes points.

623. Ou bien encore : la grandeur considérée comme une coexistence ou une succession, n'est pas toute divisible, mais elle est une idée simple.

624. Les idées simples n'ont ni parties, ni relations ; elles ne sont guère séparées et considérées en elles-mêmes ; elles n'ont été bien distinguées par aucun auteur. Exemples : idées de pouvoir, rouge, étendue, etc...

625. L'espace n'est imaginable par aucune idée de la vue ; il n'est pas imaginable sans un corps en mouvement. Mais alors il n'existe pas nécessairement. (Je veux parler de l'espace infini), car ce que le corps a dépassé peut être supposé annihilé.

626. Que pouvons-nous voir, hormis les couleurs ? Que pouvons-nous sentir, hormis le dur, le doux, le froid, le chaud, le plaisir, la peine ? (p. **68**)

627. Question. Pourquoi ne pas goûter et sentir l'étendue ?

628. Pourquoi ne pas considérer les étendues tangibles et visibles comme hétérogènes, comme les perceptions de goût et d'odorat sont jugées hétérogènes ? ou pourquoi, du moins, ne sont-elles pas considérées comme aussi hétérogènes que le bleu et le rouge ?

629. La lune à l'horizon ne paraît pas plus grosse, quant à son étendue visible, qu'à d'autres moments : d'où les difficultés et les querelles, à propos d'objets vus sous des angles égaux, cessent.

(p. **477**). — 630. Toutes les *potentiæ* sont également indifférentes.

631. A. B. Que veut-il dire par sa *potentia* ? Est-ce la volonté, le désir, la personne, tout cela à la fois, ou rien de tout cela, ou tantôt l'une, tantôt l'autre de ces choses ?

632. On ne peut concevoir aucun agent comme indifférent à la peine ou au plaisir.

633. Ce n'est pas nous, à proprement parler, et au sens philosophique strict, qui rendons les objets plus ou moins agréables, c'est l'œuvre des lois de la nature.

634. Une intelligence finie aurait pu prévoir, il y a quatre mille ans, l'endroit et les circonstances, même les plus minutieuses et les plus triviales, de mon existence présente ; cela est vrai, si l'on suppose que le malaise détermine la volonté.

635. La doctrine de la liberté, de la prescience, etc., expliquée par des boules de billard.

636. Quel jugement porterait-elle sur le haut et le bas, la personne qui aurait toujours regardé à travers un miroir donnant des images renversées ?

637. Toutes les lignes sous tendant le même angle optique sont semblables, (cela ressort d'une expérience facile), donc elles sont égales.

638. Nous n'avons pas des idées simples et pures du bleu, du rouge, ou de toute autre couleur, excepté peut-être du noir, parce que tous les corps réfléchissent une lumière hétérogène.

639. Y aurait-il, en ce qui concerne les sons, (et d'autres sensations), des sortes de rayons d'air qui ne fournissent qu'un son particulier, comme les rayons de lumière ne fournissent qu'une couleur particulière ?

640. Les couleurs sont indéfinissables, non parce qu'elles sont des pensées pures, sans mélange, mais parce que nous ne pouvons facilement distinguer et séparer les pensées qu'elles renferment, ou parce que nous manquons de vocables pour désigner leurs idées composantes.

641. Le terme âme n'indique qu'une idée complexe, faite d'existence, de vouloir, et de perception, dans un sens large : c'est pourquoi il est connu et il peut être défini.   (p. **69**).

642. Nous ne pouvons concevoir d'autre pouvoir actif que la volonté.

643. Dans les questions morales les hommes croient (il est vrai) qu'ils sont libres ; mais cette liberté est seulement la liberté d'agir comme il leur plaît. Cette liberté est consécutive à la volonté, à l'égard seulement des facultés actives.

(p. **478**). — 644. Nous nous attribuons nos actes, parce que nous les avons voulus, et cela, non par ignorance, mais en connaissant leurs conséquences, bonnes ou mauvaises.

645. Cela ne prouve pas que nous soyons indifférents à l'égard des désirs.

646. Si la *potentia* de A. B. a un sens, ce doit être le désir; or j'en appelle à chacun de nous : est-ce que notre désir est indifférent ou (pour aller plus droit au but), est-ce que nous sommes indifférents à l'égard de ce que nous désirons, jusqu'à ce que nous l'ayons désiré ? Car, pour ce qui est du désir lui-même, ou de la faculté de désirer, cela est indifférent, comme toutes les autres facultés.

647. Les actions qui conduisent au ciel sont en mon pouvoir, si je veux (les accomplir) : c'est pourquoi je veux les vouloir. (*I will will them*).

648. Question sur la série des volitions *in infinitum*.

649. Sur un point les mathématiques l'emportent sur la métaphysique et la morale : c'est que leurs définitions ayant trait à des mots encore inconnus du lecteur, ne sont pas discutées ; mais en métaphysique et en morale, les termes étant, pour la plupart, connus de tous, il peut arriver que les définitions qu'on en donne soient controversées.

650. La méthode brève et sèche des mathématiques ne suffit pas en métaphysique et en éthique : car on n'est imbu d'aucun préjugé sur les propositions mathématiques, d'aucune opinion préconçue à combattre ; on n'a pas encore eu, en effet, le temps de réfléchir à ces questions. Il en est autrement dans les deux autres sciences. Là, il faut non seulement démontrer la vérité, mais il faut aussi la défendre contre les scrupules, contre les anciennes opinions établies qui la contredisent. En un mot, la méthode sèche, maigre, rigide, ne suffit pas. Il faut être plus ample et plus abondant, faute de quoi, notre démonstration, quelle que soit son exactitude, ne sera pas acceptée par le plus grand nombre.

651. L'étendue paraît consister en une variété de pensées homogènes coexistant sans mélange.   **(p. 70).**

652. Ou plutôt, l'étendue visible paraît être la coexistence de la couleur dans l'esprit.

653. Examiner et juger sont des actes qui dépendent des facultés actives, lesquelles dépendent de la volonté qui est déterminée par quelque malaise : donc... supposez un agent dont la nature est finie qui soit parfaitement indifférent, et qui ne soit pas, quant au désir, déterminé par aucune perspective ou considération de bien ; je dis que cet agent ne peut faire une action moralement bonne. D'où il est évident que les suppositions de A. B., sont insignifiantes.

(p. **479**.) — 654. L'étendue, le mouvement, le temps, le nombre, ne sont pas des idées simples, mais renferment l'idée de succession qui me paraît une idée simple.

655. — Faire des recherches sur l'angle de contact et sur les fluxions.

656. La sphère visuelle est égale que je regarde dans la main ou au vaste firmament, car, en premier lieu, dans les deux cas, la rétine est remplie ; deuxièmement les rayons des deux sphères sont égaux ou ne sont rien pour la vue ; troisièmement, il y a un égal nombre de points dans l'un et dans l'autre.

657. Dans le cas cité par Barrow, un aveugle jugerait avec exactitude.

658. Pourquoi la lune à l'horizon (paraît-elle) plus grande ?

659. Pourquoi les objets sont-ils vus droits ?

660. Dans quel but (trouve-t-on) certaine figure ou contexture liée à d'autres perceptions ?

661. Nous jugeons des grandeurs à la fois par les angles et par la distance. L'aveugle ne pourrait tout d'abord connaître la distance ; par la vision pure, en faisant abstraction de l'expérience de la connexion des idées visuelles et tangibles, nous ne pouvons connaître la distance. Par conséquent, par la vision pure, nous ne pouvons pas percevoir ou juger l'étendue.

662. Questions. Est-il possible d'agrandir notre vision, de nous faire voir davantage à la fois, ou plus de points que nous n'en voyons, en diminuant le « *punctum visibile* » au dessous de 30 " ?

663. Le langage a plus de métaphores que nous ne l'imaginons, car les choses non sensibles et leurs modes, circonstances, etc., étant la plupart exprimés par des mots empruntés aux choses sensibles, il en résulte beaucoup d'erreurs.

664. La grande erreur consiste à croire que nous avons l'idée des opérations de notre esprit. Assurément ce langage métaphorique est un argument en faveur du contraire. (p. **71**).

665. Comment notre idée de Dieu peut-elle être complexe et composée, lorsque son essence est simple, non composée ? (¹)

(p. **480**). — 666. L'impossibilité de définir ces choses, ou de disserter à leur sujet, vient des défauts ou de la pauvreté du langage, autant peut-être que de l'obscurité et de la confusion des pensées. De là vient que je peux saisir clairement et complètement mon âme, l'étendue, etc., sans être capable de les définir.

667. La substance appelée « bois », collection d'idées simples. (voir Locke, L. II, c. 26, s. 1.)

668. Mem (orandum). Au sujet des lignes droites vues, les regarder à travers un treillis orbiculaire. (²)

669. Est-il possible que les idées qui sont maintenant associées à de grandes étendues tangibles aient pu être associées à des étendues tangibles moindres, vu qu'il ne semble pas exister de connexion nécessaire entre ces idées ?

670. Les speculums paraissent diminuer ou agrandir les objets, non pas en changeant l'angle optique, mais en changeant la distance apparente.

671. D'où la question suivante : L'aveugle croirait-il que les objets sont diminués par des verres convexes, ou agrandis par des verres concaves ?

---

(1) V. Locke, L. II, c. 23, s. 35. *Onmes reales rerum proprietates continentur in Deo.* Que veut dire Le Clerc par ces mots ? *Log.* 1, ch. 8. (Note marginale de l'auteur).

(2) Sens très douteux (loupe avec treillis ? fenêtre avec carreaux convexes ?)

672. Le mouvement n'est pas une seule idée. Il ne peut être immédiatement perçu.

673. Accorder l'existence aux couleurs dans l'obscurité, aux personnes qui ne sont pas en train de penser, mais non une existence actuelle. Il est sage de corriger les erreurs sans changer le langage. Cela permet à la vérité de se glisser insensiblement dans les esprits.

674. Les couleurs existent dans l'obscurité réellement, c'est-à-dire s'il y avait de la lumière : aussitôt que viendra la lumière, nous les verrons, pourvu que nous ouvrions les yeux et cela, bon gré, malgré.

675. Comment la rétine est-elle remplie par un miroir ?

676. Les speculums convexes ont le même effet que les verres concaves.

677. Question. Est-ce que les speculums concaves produisent le même effet que les verres concaves ?   (p. **72**)

678. La raison pour laquelle les speculums convexes diminuent les objets et les speculums concaves les agrandissent, n'a encore été complètement indiquée, à ma connaissance, par aucun écrivain.

679. Question. Pourquoi ne voit-on pas confusément les objets, lorsqu'ils paraissent renversés à travers une lentille concave ?

680. Comment fabriquer un miroir ou speculum qui agrandisse ou diminue les objets en changeant la distance, sans changer l'angle ?

681. Pas d'identité, en dehors de la ressemblance parfaite, entre les choses prises individuellement, sauf chez les personnes.

682. Autant attribuer un mouvement local aux saveurs, aux odeurs, à la crainte, à la honte, à l'esprit, à la vertu, au vice, et à toutes les pensées, qu'à l'âme immatérielle.

(p. **481**). — 683. Par suite de ma doctrine, l'identité des subtances finies doit consister en autre chose que l'existence continuée, ou leur relation à l'égard du moment et du lieu de commencement d'existence, car l'existence de nos pensées (dont les combinaisons font toutes les substances) est fréquemment interrompue et elles ont des commencements et des fins diverses.

684. L'identité de la personne ne consisterait-elle pas dans la volonté ?

685. Pas de connexion nécessaire entre un grand ou petit angle optique et une grande ou petite étendue.

686. La distance n'est pas perçue ; les angles optiques ne sont pas perçus. De quelle manière perçoit-on l'étendue par la vue ?

687. La grandeur apparente d'une ligne n'est pas simplement comme l'angle optique, mais directement comme l'angle optique, et réciproquement comme la vision confuse, etc. (Les autres sensations ou l'absence de sensations qui accompagnent la vision de près). De là de grandes erreurs commises dans la détermination du pouvoir grossissant des verres. (V. Molyneux, page 182).

688. Les verres ou speculums peuvent peut-être grossir ou diminuer sans changer l'angle optique, mais sans résultat.

689. Question. Un aveugle jugerait-il les objets aussi diminués par un miroir convexe que par un autre ?

690. En quoi consiste l'identité de la personne ? Non dans la conscience actuelle, car je ne suis pas la même personne que j'étais ce même jour, il y a douze mois, sauf lorsque je pense à ce que je faisais alors.

Elle n'est pas dans la conscience virtuelle, car alors toutes les personnes peuvent, autant que je sache, être les mêmes. (p. **73**)

691. Memorandum. Histoire de la tante, de Mr Deering.

692. Il y a deux sortes de conscience virtuelle : l'une naturelle, l'autre surnaturelle. Dans l'avant-dernier paragraphe, je veux parler de cette dernière.

693. Si l'on entend par grandeur la proportion qui existe entre un objet quelconque et une étendue tangible déterminée, telle que pied, pouce, etc., il est clair qu'une telle grandeur ne peut proprement et *per se* être perçue par la vue. Quant aux pieds, pouces, etc., d'une grandeur visible déterminée, on ne peut rien obtenir de pareil par un acte de vision pure, abstrait de l'expérience, etc......

694. La grandeur *per se* et percevable par la vue n'est que la proportion qui existe entre toute apparence visible et les autres vues en même temps, ou bien, ce qui revient au même, la proportion entre une partie spéciale de l'orbe visuel et l'orbe entier. Observez toutefois que nous n'apercevons pas que c'est un orbe, pas plus qu'une étendue plane, si ce n'est par raisonnement.

(p. **482**). — 695. Voilà toute la grandeur que les tableaux possèdent *per se*.

696. L'on voit par là que la vision pure ne peut nullement juger de l'étendue d'un objet ; rien ne sert en effet de savoir que l'objet occupe telle partie de la surface sphérique, à moins que nous ne connaissions aussi la dimension de la surface sphérique ; car un point peut sous-tendre le même angle qu'un mille, créer ainsi une image aussi grande dans la rétine, c'est-à-dire occuper une partie aussi grande de l'orbe visuel.

697. Nous jugeons de la grandeur par la faiblesse et la vigueur (des couleurs), par la vision distincte et confuse, et d'autres circonstances, ainsi que par les angles optiques grands et petits.

698. D'où il ressort clairement que les idées de la vue qui, maintenant, sont associées à l'idée de grandeur, pourraient avoir été associées à l'idée de petitesse et vice versa ; car il n'y a pas de raison nécessaire pour qu'un grand angle, la faiblesse (des couleurs), la vision distincte, sans tension (des muscles), représentent une grande étendue, plutôt qu'un grand angle, la vigueur et la confusion.

699. Mon but n'est pas d'exposer des questions métaphysiques d'une manière tout à fait générale et scolastique, mais de les adapter, en quelque mesure, aux sciences, et montrer combien cette métaphysique peut être utile en optique, géométrie, etc....

700. Question : Est-ce que la proportion des grandeurs visibles est percevable par la vue *per se* ? Je parle de la vision distincte et confuse, l'acte de perception paraissant aussi grand, quand on considère un point quelconque de l'orbe visuel distinctement, que lorsqu'on considère le tout confusément.

(p. **74**).

701. Memorandum. Corriger mon style et lui donner la plus grande précision philosophique possible, afin d'éviter de prêter le flanc (aux critiques).

702. Si nous pouvions, sans aucune tension, changer la convexité des cristallins, nous pourrions agrandir ou diminuer le diamètre apparent des objets, l'angle optique restant le même.

703. La grosseur des objets représentés au fond de l'œil n'est pas déterminée ; car plus nous les considérons de près, plus leurs images (aussi bien que d'autres objets) occupent de place au fond de l'œil.

704. L'introduction devrait contenir le plan de l'ensemble, la nature et la méthode de la démonstration, etc.

(p. **483**). — 705. A distinguer soigneusement deux sortes de grandeur, car elles diffèrent *toto cœlo* : l'une consiste dans la proportion qui existe entre une apparence quelconque et le total des apparences perçues en même temps, grandeur qui est proportionnelle aux angles, ou, si c'est une surface, aux segments des surfaces sphériques ; l'autre est la grandeur tangible.

706. Question. Qu'arriverait-il si la sphère rétinienne était agrandie ou diminuée ?

707. Par l'acte pur de la vision, nous croyons percevoir la distance, or cela n'est pas ; nous croyons aussi percevoir les solides, pourtant, cela n'est pas ; nous croyons aussi percevoir l'inégalité des objets vus sous un même angle, ce qui n'est pas.

708. Pourquoi ne pourrais-je pas ajouter : nous croyons voir l'étendue par un pur acte de vision, pourtant nous ne la voyons pas.

709. L'étendue paraît être perçue par l'œil, autant que la pensée est perçue par l'oreille.

710. Tant que le même angle détermine le minimum visible pour deux personnes, aucune conformation différente de l'œil ne peut produire un aspect différent de grandeur dans le même objet. Mais, comme il est possible de mesurer l'angle, nous pouvons certainement savoir si le même objet paraît différemment grand à deux personnes, à cause de leurs yeux.

711. Si quelqu'un pouvait voir '', les objets lui paraîtraient plus grands qu'à un autre : d'où l'existence d'une autre sorte de grandeur purement visible, outre la proportion qui existe entre une apparence quelconque et la sphère visuelle, c'est-à-dire sa proportion à l'égard du minimum visible.

712. S'il n'existait qu'un seul et même langage dans l'univers, et si les enfants le parlaient naturellement, à leur naissance ; si les hommes n'avaient ni le pouvoir de déguiser leurs pensées, ni celui de tromper autrui, mais s'il existait une connexion inséparable entre les mots et les pensées, de telle sorte que *posito uno, ponitur alterum*, en vertu des lois naturelles, ne croiraient-ils pas alors entendre leurs pensées, comme ils croient voir l'étendue ? (¹)   (p. **75**.)

713. Toutes nos idées sont adéquates : notre connaissance des lois de la nature n'est ni parfaite, ni adéquate.

(p. **484**.) — 714. Nous avons raison de croire que les idées simples sont dans les choses mêmes. Assurément la chaleur et la couleur se trouvent autant hors de l'esprit que la figure, le mouvement, le temps, etc.

715. Nous connaissons beaucoup de choses que nous ne pouvons exprimer faute de mots. On peut faire de grandes découvertes d'après ce principe. Faute de tenir compte de ce principe, plusieurs sont tombés dans diverses erreurs : s'efforçant de déployer leur science à l'aide de mots, ils ont cru, après l'échec de leur tentative, que c'était la faute de leur savoir, alors qu'en réalité c'était celle de leur langage.

716. Question. Est-ce que les sensations visuelles qui viennent de la tête sont plus semblables aux sensations tactiles qui viennent de cet endroit ou des jambes ?

717. Question. Est-ce simplement une longue et constante association d'idées entièrement différentes qui me fait croire qu'elles sont les mêmes ?

718. Ce que je vois n'est qu'une variété de couleurs et de lumière. Ce que je sens (au toucher) est dur ou mou, chaud ou froid, rugueux ou lisse, etc. Quelle ressemblance y a-t-il entre ces idées ?

_____

(1) ou « la distance » (sur la page opposée du manuscrit).

719. Un tableau peint avec une grande variété de couleurs affecte le toucher d'une manière uniforme. Je ne puis donc conclure que parce que je vois 2, je sentirai 2 ; que si je vois des angles et des inégalités, je sentirai des angles et des inégalités. Comment puis-je donc savoir, avant de l'avoir appris par expérience, que les jambes visibles (parce que j'en ai 2), sont associées aux jambes tangibles, ou que la tête visible (parce qu'elle est seule) est associée à la tête tangible ?

720. Toutes les choses concevables sont : (p. **76**).

1. Des pensées ;

2. Des facultés de recevoir ces pensées ;

3. Des facultés de produire ces pensées ;

Or, aucune de ces trois choses ne peut exister dans une chose inerte et insensible.

721. Un objet peut être vu sans verre sous un angle aussi grand qu'avec un verre. C'est pourquoi le verre ne grossit pas la grandeur apparente par le moyen de l'angle.

722. L'opinion d'après laquelle nous connaîtrions l'âme par une idée est absurde ; les idées en effet sont inactives et privées de pensée.

(p. **485**). — **723.** J'ai vu la joie dans son regard. J'ai vu la honte sur son visage. C'est de la même manière que je vois la figure ou la distance.

724. Question. Pourquoi les objets vus confusément, à travers un miroir convexe, ne sont-ils pas grossis ?

725. Même si nous jugions la lune à l'horizon plus éloignée, pourquoi la jugerions-nous plus grande ? Quelle connexion y a-t-il entre le même angle, une distance plus grande, et une plus grande dimension ?

726. Mon système affecte les essences de la philosophie corpusculaire.

727. Les cercles parfaits n'existent pas au dehors, (car aucun cercle ne peut exister parfait ou non,) mais dans l'esprit.

728. On croit que les lignes sont divisibles *ad infinitum*, parce qu'elles sont supposées exister au dehors, parce qu'on les croit aussi identiques, quand on les voit à l'œil nu ou avec des verres grossissants.

729. Ceux qui ne connaissaient pas les verres (optiques), ne connaissaient pas ces belles prétentions à la divisibilité *ad infinitum*.

730. Pas d'idée abstraite du cercle.

731. Les mathématiques aussi capables de certitude que l'éthique, mais moins susceptibles d'être démontrées d'une manière géométrique, parce que nous voyons plus clair et avons moins de préjugés en éthique.

732. Les idées visibles arrivent très distinctes à l'esprit ; de même pour les idées tangibles. D'où (il résulte que) l'étendue est vue et sentie. Les sons, les sensations de goût, sont plus mêlés.

733. Pourquoi l'étendue ne pénètrerait-elle pas (dans l'esprit) par le moyen du goût associé à l'odorat, puisque goût et odeur sont des idées distinctes ? (p. **77**).

734. Tant que les particules bleues et jaunes se manifestent par un vert uniforme, leur étendue n'est pas perçue : mais aussitôt que des sensations distinctes de bleu et de jaune apparaissent, alors on perçoit leur étendue.

735. La perception distincte des idées visibles moins parfaite que celle des idées tangibles, beaucoup de ces dernières étant également vives à la fois. D'où hétérogénéité de l'étendue.

736. Pourquoi le brouillard n'augmente-t-il pas la grandeur apparente d'un objet, proportionnellement à la faiblesse (de vision) ?

737. Etudier la quadrature du cercle, etc.

(p. **486**. — 738. Ce qui paraît uni et rond au toucher peut, au regard, paraître tout autrement. D'où pas de connexion nécessaire entre les idées visibles et les idées tangibles.

739. Il n'est pas prouvé, en géométrie, qu'un pouce est divisible à l'infini.

740. La géométrie ne traite pas des idées de figures déterminées, complètes, car ces dernières ne sont pas divisibles à l'infini.

741. Les cercles particuliers peuvent se changer en carrés, car, étant donné la circonférence, on peut trouver un diamètre dont la différence avec le vrai diamètre ne soit pas perceptible.

C'est pourquoi une telle différence n'existe pas, car l'étendue est une perception — et une perception non perçue est une contradiction, un non sens, un rien. On allègue en vain que la différence peut être perçue par des verres grossissants, car, dans ce cas, il est vrai, il y a une différence qui est perçue, mais elle n'est pas entre des idées identiques, mais entre des idées beaucoup plus grandes et entièrement différentes. (¹)

742. La quadrature de tout cercle, percevable par qui que ce soit, est possible, par la méthode ordinaire, avec la plus grande exactitude : (elle est même possible) quand le cercle est percevable par toute autre personne, quelle que soit la pénétration de son regard, quelle que soit l'exiguïté de l'arc de cercle.

---

(1) Malebranche, *Recherche*, L. I, ch. 6.

Cela établit une distinction entre la vue pénétrante et la vue faible, mais non entre les *minima visibilia*, comme on est peut-être porté à le croire.

743. Il en est de même de tout cercle tangible : c'est pourquoi toute recherche ultérieure sur la quadrature, ou sur d'autres courbes, est complètement inutile et n'est qu'une perte de temps.

744. *Memorandum*. Appuyer fortement et plus simplement sur les idées précédentes et y réfléchir de nouveau.

745. Une ligne pure, ou distance, n'est pas faite de points, n'existe pas, ne peut être imaginée ; nous ne pouvons nous en faire une idée, — pas plus que de la couleur pure sans étendue.

(p. **78**)

746. Memorandum. C'est chose bien différente que considérer la longueur sans largeur et se faire une idée de la longueur, imaginer la longueur sans largeur.

747. Erreur de Malebranche touchant le pouvoir de diminution des cristallins. (L. I, ch. 6).

(p. **487**). — 748. Il est possible (il n'est peut-être pas très improbable, c'est-à-dire, il arrive quelquefois) que nous obtenions les plus grandes représentations des plus petits objets. Il n'y a donc pas de connexion nécessaire entre les idées visibles et les idées tangibles. Ces idées ou une grande relation par rapport à la sphère visuelle, ou à la matière visible, (ce qui montre tout ce que je voulais dire par ces mots : avoir une plus grande image) et la faiblesse, auraient pu représenter ou signifier une petite étendue tangible. Certainement il en est fréquemment ainsi dans les rapports les plus grands entre la sphère visuelle et la matière visible, en ce que nous voyons les petits objets près de l'œil.

749. Malebranche se trompe quand il affime que nous ne pouvons savoir s'il y a deux hommes au monde qui voient un objet de la même grandeur. (V. L. I, ch. 6).

750. La diagonale d'un carré particulier mesurable par le côté de ce carré, parce que l'une et l'autre contiennent un certain nombre de *minima visibilia*.

751. Je ne crois pas que les surfaces consistent en lignes, c'est-à-dire en distances pures : de là viendrait peut-être la force du sophisme par lequel on voudrait prouver que la ligne oblique est égale à la perpendiculaire placée entre deux parallèles.

752. Supposons un pouce représentant un mille. $^1/_{1000}$ de pouce n'est rien, mais $^1/_{1000}$ du mille représenté est quelque chose ; c'est pourquoi $^1/_{1000}$ de pouce, quoique n'étant rien, ne doit pas être négligé, parce qu'il représente quelque chose, c'est-à-dire $^1/_{1000}$ de mille.

753. Des lignes particulières déterminées ne sont pas divisibles à l'infini, mais les lignes employées par les géomètres sont telles, parce qu'elles ne sont pas limitées par un nombre fini et

particulier de points. Pourtant un géomètre dira (sans savoir pourquoi), très facilement, qu'il peut démontrer qu'une ligne d'un pouce est divisible à l'infini.

754. Un corps qui se meut dans la direction de l'axe optique n'est pas simplement perçu par la vue et sans expérience. Il y a, il est vrai, un changement successif d'idées qui semble diminuer de plus en plus. Mais il n'y a pas, en dehors de cela, de changement visible de lieu.   (p. **79**).

755. Etudier très soigneusement le caractère incommensurable de la diagonale et du côté; se demander s'il ne repose pas sur la supposition de la divisibilité infinie des unités, c'est-à-dire sur la conception d'une chose étendue considérée comme infiniment divisible (car l'unité n'est rien; voir aussi *Lect. Geom.* Barrow), et si, dans ce cas, la divisibilité infinie qu'on en déduit, ne repose pas sur une pétition de principe ?

756. La diagonale est mesurable par le côté.

757. D'après Malebranche, Locke et mes premiers raisonnements, on ne peut pas prouver que l'étendue n'est pas dans la matière.

Par les arguments de Locke on ne peut pas prouver que les couleurs ne sont pas dans les corps.

(p. **488**.) — 758. Memorandum. Que j'étais défiant dès l'âge de huit ans, et, par suite, naturellement porté vers ces nouvelles théories.

759. Comment une ligne formée d'un nombre inégal de points serait-elle divisible(*ad infinitum*) en deux parties égales ?

760. Exposer avec abondance comment et pourquoi nous ne voyons pas les tableaux.

761. Si l'on concède que les étendues existent dans la matière, nous ne pouvons même pas connaître leurs proportions, contrairement à l'opinion de Malebranche.

762. Je m'étonne qu'on ne puisse voir une vérité si évidente, à savoir que l'étendue ne peut exister sans une substance pensante.

763. Les catégories de choses sensibles sont l'œuvre de l'intelligence. Cela se démontre en donnant à nos yeux le pouvoir grossissant ou diminuant.

764. Votre minimum visible est par hypothèse plus petit que le mien. Qu'une troisième personne ait une idée parfaite de nos deux minimums. L'idée qu'elle a de mon minimum visible comprend son idée de votre minimum et quelque chose de plus. Il est donc composé de parties : c'est pourquoi l'idée qu'elle a de mon minimum visibile n'est pas parfaite ou juste, ce qui renverse l'hypothèse.

765. Question. Est-ce que le minimum visible ou tangible est étendu ?

766. Singulière erreur où nous tombons au sujet des peintures Nous les jugeons peu étendues, parce que, si nous supposons un homme qui les verrait, leur image n'occuperait que peu de place au fond de l'œil.

767. Il semble que toutes les lignes puissent être divisées en deux parties égales. Examiner comment les géomètres prouvent le contraire. (p. **80**.)

768. Il est impossible qu'il existe un minimum visible plus petit que le mien. S'il en existe un, le mien peut l'égaler, (parce qu'ils sont homogènes), en en retranchant une partie ou quelques parties. Mais il n'est pas formé de parties, donc....

(p. **489**). — 769. Supposons une lunette donnant des images renversées, adaptée aux yeux d'un enfant et conservée jusqu'à son âge mûr : quand il regardera en haut, ou quand il lèvera la tête, il verra ce que nous appelons le dessous.

770. Je ne m'étonne pas de la sagacité (dont je fais preuve) en découvrant la vérité évidente bien que surprenante ; je m'étonne bien plutôt de la stupide inadvertance qui m'a empêché de la découvrir auparavant : il n'y a pas de sortilège à voir.

771. Nos idées simples sont autant de pensées ou perceptions simples : une perception ne peut exister sans une chose qui la perçoive, ou plus longtemps qu'elle n'est perçue ; une pensée ne peut exister dans une substance non pensante ; une pensée uniforme et simple ne peut ressembler qu'à une autre pensée uniforme et simple. Les pensées complexes ou idées ne sont qu'un assemblage d'idées simples ; elles ne peuvent être l'image de rien, ou ressembler à rien qu'à un autre assemblage d'idées simples, etc...

772. L'opinion des Cartésiens sur la lumière et les couleurs est regardée comme assez orthodoxe, même par ceux qui croient que l'expression de l'Ecriture favorise l'opinion commune. Pourquoi mon opinion ne serait-elle pas regardée de même aussi ? Mais il n'y a rien dans l'Ecriture qui puisse être mis en œuvre contre moi, tandis qu'il y a beaucoup de choses en ma faveur.

773. Les corps existent, que nous pensions à eux ou non, car ils sont pris dans un double sens :
1º Comme des collections de pensées,
2º Comme collections de forces pouvant produire ces pensées.
Ces dernières forces existent, quoique peut-être ce soit *a parte rei*, un pouvoir parfait simple.

774. Est-ce que l'étendue d'une plaine vue droite ou obliquement, minutieusement et distinctement examinée, ou vue d'un seul coup dans l'ensemble et confusément, est la même plaine ? N. B. On suppose que la plaine reste à la même distance.

(p. **490**). — 775. Les idées que nous avons à la suite d'une inspection successive et curieuse des plus petites parties d'une plaine ne paraissent pas constituer l'étendue de cette plaine parcourue et considérée tout ensemble. (p. **81**).

776. L'ignorance serait, en quelque sorte, chose requise de la part de celui qui refuserait de reconnaître le Principe.

777. Les pensées signifient très exactement ou représentent, la plupart, les opérations intérieures de l'esprit, dans lesquelles l'esprit est actif. Celles qui n'obéissent pas aux actes de volition et dans lesquelles l'esprit est passif, sont plus proprement appelés sensations ou perceptions.

Mais tout cela n'est qu'une question de mots. (¹)

778. L'étendue étant la collection ou la coexistence distincte de minimums, c'est-à-dire de perceptions dues à la vue ou au toucher, ne peut être conçue sans une substance percevante.

779. Malebranche ne prouve pas que les figures et les étendues n'existent pas, quand elles ne sont pas perçues. Par suite il ne prouve pas et il ne peut pas être prouvé par ses principes que les qualités sont l'œuvre de l'intelligence et ne sont que dans l'intelligence.

780. Le grand argument servant à prouver que l'étendue ne peut se trouver dans une substance non pensante, c'est que nous ne pouvons la concevoir séparée ou privée de toute qualité tangible ou visible.

781. Quoique la matière soit étendue, indéfiniment étendue, c'est l'esprit qui crée les qualités. Elles n'existaient pas avant d'être perçues par l'esprit, et alors même, elles n'existent pas en dehors de l'esprit.

782. Il y a un grand danger à faire exister l'étendue hors de l'esprit : s'il en était ainsi, il faudrait reconnaître que cette étendue est infinie, immuable, éternelle, ce qui équivaut à faire de Dieu un Etre étendu, (chose que je trouve dangereuse.) ou qu'elle constitue, à côté de Dieu, un Etre éternel, immuable, incréé.

783. La limitation de notre intelligence ne peut servir d'excuse aux géomètres.

784. Le Principe peut se démontrer aisément par un grand nombre d'arguments *ad absurdum*.

(p. **491**). — 785. Double sens du mot corps :

1° combinaison de pensées ;

2° combinaison de forces pouvant faire naître ces pensées.

Ce deuxième sens, rattaché à l'idée des particules homogènes, peut résoudre les objections tirées de la création, bien mieux que l'hypothèse de l'existence de la matière. D'après cette hypothèse, je ne crois pas qu'elles puissent être résolues.   (p. **82**

(1) 1871, Ed. lacune.

786. Considérés comme pouvoirs, les corps existent, quand ils ne sont pas perçus ; mais leur existence n'est pas actuelle. Quand je dis qu'un pouvoir existe, je ne veux pas dire autre chose que, si, pendant le jour, j'ouvre les yeux, et regarde de ce côté, je verrai cette chose, le corps........................

787. Question. Est-ce que l'aveugle (avant que la vue lui soit rendue,) ne peut pas avoir une idée de la lumière et des couleurs et de l'étendue visible, de la même manière que nous les percevons nous-mêmes, les yeux fermés, ou dans l'obscurité, sans les imaginer, mais, en quelque sorte, en les voyant ?

788. L'étendue visible ne peut être conçue comme s'ajoutant à l'étendue tangible. Les points visibles et les points tangibles ne peuvent être additionnés : c'est pourquoi ces deux étendues sont hétérogènes.

789. Bonne méthode pour juger s'il y a, dans la vision rapprochée, une plus grande distance que d'ordinaire, entre le cristallin et le fond de l'œil, ou si le cristallin ne fait qu'augmenter de convexité. Dans le premier cas, la sphère visuelle est agrandie et le minimum visibile correspond à moins de 30" ou à une mesure moindre que d'ordinaire.

790. Les mesures fixes : pouces, pieds, etc, appartiennent à l'étendue tangible, non à l'étendue visible.

791. Locke, More, Raphson, etc, paraissent faire de Dieu un Etre étendu ; il est néanmoins de la plus grande utilité pour la religion de faire disparaître l'étendue de l'idée de Dieu, et de la remplacer par l'idée de pouvoir. Il semble qu'il soit dangereux de supposer en Dieu l'étendue qui est manifestement inactive.

(p. **492.**) — 792. Mais, direz-vous, la pensée ou perception que j'appelle étendue, ne se trouve pas elle-même dans une chose non pensante ou matière, mais elle ressemble à quelque chose qui est dans la matière. Je vous réponds : comprenez-vous ou concevez-vous à quoi ressemble cette étendue, ou non ?

Si c'est le dernier cas, comment savez-vous que les deux choses se ressemblent ? Comment pouvez-vous comparer autre chose que vos propres idées ?

Si c'est le premier cas, cette chose doit être une idée ou une perception, une pensée, ou bien une sensation qu'il est contradictoire de placer dans une chose non percevante.   (p. **83.**)

793. J'évite tout style fleuri et les tournures recherchées : j'emploie des comparaisons claires et simples, car j'ai souvent éprouvé des difficultés à comprendre ceux qui imitent le langage élevé de Platon, ou la subtilité des scolastiques.

794. Tout ce qui possède quelqu'une de nos idées doit percevoir ; cette possession même, cette reconnaissance passive des idées, donne à l'esprit sa qualité de sujet percevant, car telle est la véritable essence de la perception ou ce en quoi la perception consiste.

795. La couleur faible qui change l'aspect de la lune à l'horizon provient plutôt de la quantité ou de la densité de l'atmosphère interposée, que de quelque changement de distance qui n'est pas peut-être assez considérable pour être la cause totale, bien qu'elle puisse être la cause partielle du phénomène. N. B. L'angle visuel est moindre à cause de l'horizon (¹)

796. Nous jugeons de la distance des corps par différentes choses, mais aussi par la situation de leurs images dans l'œil, ou, (ce qui revient au même), selon qu'elles apparaissent plus haut ou plus bas. Celles qui paraissent plus hautes sont plus éloignées.

797. Question. Pourquoi voyons-nous les objets plus grands dans l'obscurité? Peut-on résoudre cette difficulté autrement que par mes principes?

798. La philosophie opposée à mon Principe a introduit le scepticisme.

799. N. B. D'après mes Principes, il y a une réalité; il y a des choses; il y a une *rerum natura*.

(p. **493**.) — 800. Memorandum. Quantités incommensurables; cube double, etc.

801. Nous croyons que, si la vue venait de nous être donnée, nous jugerions de la distance et de la grandeur des objets comme en ce moment. Il en est de même des notions si positives que nous avons sur la situation des objets.

802. La méthode de Hays et de Keill (²) pour prouver les infinitésimaux de 3ᵉ ordre, est absurde et absolument contradictoire. (³)

803. Les angles de contact et en réalité tous les angles mesurés par une ligne droite ou une courbe ne peuvent pas être mesurés, car les arcs interceptés ne sont pas semblables. (p. **84**)

804. Danger d'expliquer la Sainte Trinité par l'étendue.

805. Question. Pourquoi la grandeur vue de près serait-elle jugée la vraie grandeur, plutôt que la grandeur vue d'une distance plus éloignée? Pourquoi croirait-on que le soleil a des milliers de milles de diamètre plutôt qu'un pied? Certainement les hommes ont jugé du soleil, non par lui-même, mais par rapport à eux.

806. 4 principes utiles pour répondre aux objections :

1° Les corps existent réellement, bien que nous ne les percevions pas.

---

(1) Texte peu clair : *The visual angle less in cause the horizon (?)* La lune paraît moins grosse à l'horizon qu'au zénith. Guillemin. *La Lune,* (p. 28.)

(2) Keill (1671-1721 Mathématicien, disciple de Newton.

(3) Erratum : éd, 1900, perfectly contradictions. (?)

2° Il y a une loi ou cours de la nature.

3° Le langage et la science ne portent que sur des idées ; les mots ne représentent pas autre chose.

4° Un argument ne prouve rien contre l'un des côtés d'une contradiction, lorsqu'il porte également sur l'autre côté.

807. Que dirai-je ? Oserai-je traiter de bagatelle les *acribeia mathematica*, (¹) tant admirés, et les favoris de notre siècle ?

808. Il est tout à fait certain qu'aucune étendue finie n'est divisible à l'infini.

809. Difficultés sur les cercles concentriques.

810. Memorandum . Etudier et discuter soigneusement la scholie de la 8° définition des *Principes* de Newton.

(p. **494**). — 811. (Il est) Ridicule de la part des mathématiciens de mépriser les sens.

812. Question. N'est-il pas impossible qu'il y ait des idées générales abstraites ?

813. Toutes les idées viennent du dehors, elles sont particulières. L'intelligence peut, il est vrai, considérer une chose séparée d'une autre ; mais, dans ce cas, et considérées séparément, elles ne font pas deux idées. Les deux réunies ne peuvent en former qu'une, comme par exemple la couleur et l'étendue visible.

814. L'extrémité d'une ligne mathématique n'est rien. L'argument de Locke montrant que le bout de sa plume est noir ou blanc, ne prouve rien ici. (p. **85**)

815. Memorandum. — Prends garde à la manière dont tu veux définir l'étendue, par crainte des géomètres.

816. Question. — D'où provient la difficulté d'imaginer un minimum ? Du fait que nous n'avons pas l'habitude de remarquer ces minimums séparément : ils ne peuvent pas, séparément, nous causer du plaisir ou de la peine et, par ce moyen, mériter notre attention.

817. Memorandum. — Démontrer contre Keill que, par suite de la divisibilité infinie de la matière, la moitié a un même nombre de parties égales que le tout.

818. Examiner jusqu'à quel point l'impossibilité de comprendre les infinis peut être admise comme une excuse.

819. Question. — Pourquoi les mathématiciens ne pourraient-ils pas rejeter toutes les étendues au-dessous du minimum, aussi bien que les étendues infinitésimales que l'on reconnaît être quelque chose et dont le grossissement obtenu par des verres

---

(1) Cf. *The Analyst*, sect. 19.

peut atteindre des pouces, des pieds, etc., aussi bien que les quantités immédiatement au-dessous du minimum ?

820. Les idées de grand, de petit, et de nombre, sont l'œuvre de l'esprit. Comment l'étendue que vous supposez dans la matière pourrait-elle être grande ou petite ? Comment pourrait-elle consister en un certain nombre de points ?

821. Memorandum. — Etudier de très près Locke, L. II, c. 8, s. 8.

822. Les scolastiques comparés aux mathématiciens.

823. L'étendue se confond avec les idées tangibles ou visibles : elle en est séparée par l'intelligence.

824. Les mathématiques rendues faciles ; l'échelle peut presque tout résoudre ; l'échelle peut nous apprendre que la sous-tangente dans une parabole est double de l'abscisse.

825. Quel besoin est-il d'une précision extrême, quand les mathématiciens reconnaissent qu'ils ne peuvent rien trouver dans la *rerum natura* qui corresponde à la subtilité de leurs idées ?

(p. **495**.) — 826 On devrait s'efforcer de trouver une progression, en essayant de se servir de l'échelle.

827. Les fluxions de Newton sont inutiles. Quoique ce soit au-dessous d'un M. pourrait servir pour le calcul différentiel de Leibniz.

828. Comment peuvent-elles, présenter tant d'unité harmonieuse, puisqu'il y a en elles, (je veux dire les mathématiques,) tant de *contradictoriæ argutiæ*. (V. Barrow, *Lect.*)

829. Nous pouvons lire un livre sur les sections coniques avec facilité : nous connaissons le moyen de prouver leur exactitude ; nous pouvons les accepter, en toute confiance, de l'auteur.

830. Quel besoin de certitude peut-il y avoir dans des bagatelles pareilles ? Ce qui les fait tant apprécier, c'est que nous ne nous croyons pas capables de les trouver ailleurs. Cependant nous le pouvons, en éthique et en métaphysique.   (p. **86**.)

831. Le fait qu'ils ne nous font pas tomber dans des erreurs, ne constitue pas un argument en faveur de la vérité des infinitésimaux. Comme ils ne sont que des riens, ils peuvent ne faire peut-être ni bien, ni mal, sauf quand nous les prenons pour quelque chose et alors la contradiction engendre la contradiction.

832. A + 500 riens = A + 50 riens, vérité inoffensive et niaise.

833. Mon système correspond excellemment avec la création : je suppose que ni la matière, ni les étoiles, ni le soleil, n'ont existé auparavant.

834. Il semble que tous les cercles ne soient pas des figures semblables parce qu'il n'y a pas la même proportion entre toutes les circonférences et leur diamètre.

835. Quand, sur le papier, une petite ligne représente un mille, les mathématiciens ne calculent pas d'après $1/_{10000}$ de la ligne ; ils calculent d'après $1/10000$ du mille. C'est ce dernier qu'ils considèrent, c'est à ce dernier qu'ils pensent, si toutefois ils pensent et s'ils ont quelque idée. Le pouce pourrait peut-être, dans leur imagination, représenter le mille, mais le $1/10000$ du pouce ne peut servir à représenter quoi que ce soit, parce qu'il n'est pas imaginable.

836. Mais le $1/_{10000}$ de mille étant quelque chose, ils pensent que le $1/10000$ du pouce est aussi quelque chose ; quand ils pensent à ce qu'ils imaginent, c'est à cela qu'ils pensent.

(p. **496**). — 837. Il y a trois défauts dans les arguments des mathématiciens en faveur de la divisibité à l'infini :

1° Ils supposent que l'étendue existe en dehors de l'esprit ou non perçue ;

2° Ils supposent que nous avons une idée de la longueur sans largeur (¹), ou que la longueur sans largeur existe ;

3° Que l'unité est divisible à l'infini.

838. Supposer un minimum sensible divisible, c'est dire qu'il existe des idées capables d'être distinctement perçues, là où il n'y a pas d'idées capables d'être directement perçues.

839. Le M. S. n'est pas à beaucoup près aussi inconcevable que le *signum in magnitudine individuum*. (p. **87**)

840. *Memorandum.* Critiquer les mathématiciens à propos de leur point ; voir ce que c'est, quelque chose ou rien, et comment il diffère du M. S.

841. Tout pourrait se démontrer par une nouvelle méthode d'invisibilité plus facile peut-être et plus juste que celle de *Cavalieri.* (²)

842. Une perception non percevable est une contradiction.

843. *Proprietates reales rerum omnium in Deo, tam corporum quam spirituum, continentur, Clerici, Log.*, cap. 8.

844. Que mes adversaires répondent à une seule de mes objections et je me soumettrai; si je ne peux répondre à chacune des leurs, je me soumettrai de même.

---

(1) ou plutôt que la longueur invisible existe (note marginale de l'auteur.

(2) *Bonaventura Cavalieri* (1598-1647) mathématicien italien.

845. L'absence de l'excuse peut nuire à la Transubstantiation mais non pas à la Trinité. (1)

846. Nous n'avons pas besoin de forcer l'imagination pour concevoir de si petites choses. De plus grandes choses peuvent tout aussi bien représenter des infinitésimaux, puisque l'intégrale doit être infinie.

847. Il est évident que ce qui a un nombre infini de parties doit être infini.

848. Question. Est-ce que l'étendue peut se résoudre en points en lesquels elle ne consiste pas ?

849. On ne peut objecter que nous raisonnons sur des nombres qui ne sont que des mots et non pas des idées, car ces infinitésimaux sont des mots sans aucune utilité, si on ne suppose pas qu'ils représentent des idées.

850. Axiome. Pas de raisonnement sur les choses dont nous n'avons aucune idée : donc pas de raisonnement sur les infinitésimaux.

(p. **497**). — 851. Encore moins les infinitésimaux des infinitésimaux.

852. Axiome. Aucun mot ne doit être employé sans une idée (correspondante).

853. Nos yeux et nos sens ne nous informent pas de l'existence de la matière ou de l'existence d'idées hors de l'esprit. On ne doit pas leur reprocher cette erreur. (p. **88**).

854. Je défie qui que ce soit d'indiquer une droite égale à une parabole : vues à travers un microscope, elles peuvent paraître inégales.

855. La thèse de Newton revient à dire que la pesanteur est proportionnelle à la pesanteur.

856. On ne peut imaginer une chose étendue sans couleur. V. Barrow. *L. G.*

857. On accorde que les couleurs, les sons, etc., n'existent pas hors de l'esprit, quoique nulle démonstration n'en soit donnée. Pourquoi ne peut-on reconnaître la vérité de mon Principe accompagné d'une démonstration ?

858. Question. Ne ferais-je pas mieux de reconnaître que les couleurs existent hors de l'esprit, en considérant cet esprit

---

(1) On entend par « excuse » le caractère limité de notre intelligence pouvant nous faire paraître vraies des choses contradictoires. (Note marginale).

comme la chose active que j'appelle moi, moi-même, et qui paraît distinct du jugement ?

859. L'hypothèse d'une étendue séparée de toutes les autres qualités tangibles et visibles. le fait de la considérer comme une idée en elle-même, a fait croire qu'elle existait hors de l'esprit.

860. Je ne vois d'esprit chez aucun d'eux, excepté Newton. Les autres ne sont que des amuseurs, de purs nihilistes.

861. La folie des mathématiciens consiste à ne pas juger des sensations par les sens. La raison nous a été donnée pour de plus nobles usages.

862. Keill (¹) remplit l'univers à l'aide d'un rien : cela résulte de la divisibilité infinie de l'étendue.

863. L'étendue ou la longueur, sans largeur, ne paraît pas être autre chose que le nombre de points qui se trouvent entre deux points quelconques (²). Elle paraît consister en une simple proportion, une référence de l'esprit.

864. A quoi sert de déterminer la forme des verres par la géométrie ?

(p. **498**). — 865. Sir Isaac (Newton reconnaît que son système aurait pu être démontré par l'hypothèse des indivisibles.

866. Innombrables conduits de la matière. V. Cheyne.

867. Je ne veux pas admirer les mathématiciens. Tout homme de bon sens peut arriver (à leur résultat) par des essais répétés. Je le prouve par expérience. Je n'ai que le bon sens d'un homme ordinaire et pourtant, etc..... (p. **89**)

868. Quelques-uns des mathématiciens ont des qualités : c'est d'autant plus regrettable. S'ils n'avaient pas été mathématiciens, ils n'auraient été bons à rien.

Ils étaient si naïfs qu'ils n'ont pas su faire usage de leur talent.

869. Les mathématiciens ne pouvaient même pas dire en quoi consistaient la vérité et la certitude, avant que Locke le leur eût appris. Je vois que les meilleurs d'entre eux parlent de la lumière et des couleurs, comme si elles étaient hors de l'esprit.

870. Par le mot chose, je veux désigner les idées, ou ce qui a des idées.

---

(1) *Introductio ad veram physicam*, 1702, Oxford.

(2) L'étendue sans largeur, non percevable, intangible, ne peut pas être conçue ; c'est une erreur où nous conduit la doctrine des idées abstraites. (Note marginale de l'auteur).

871. *Nullum præclarum ingenium unquam fuit magnus mathematicus.* Scaliger. (¹)

872. Un grand génie ne peut s'abaisser à considérer des bagatelles et des minuties pareilles à celles qu'ils considèrent.

873. Une idée ne peut pas exister sans être perçue. (²)

874. 1. Tous les mots ayant un sens représentent des idées. (³)

2. Toutes nos connaissances portent sur des idées.

3. Toutes les idées viennent du dehors ou du dedans.

4. Si elles viennent du dehors, ce doit être par les sens et elles s'appellent des sensations.

5. Si elles viennent du dedans, ce sont des opérations de l'esprit, et on les appelle des pensées.

6. Aucune sensation ne peut se trouver dans une chose dépourvue de sens.

7. Aucune pensée ne peut se trouver dans une chose dépourvue de pensée.

8. Toutes nos idées sont des sensations ou des pensées (d'après 3, 4, 5).

9. Aucune de nos idées ne peut se trouver dans une chose qui est à la fois privée de pensée et de sens. (6, 7, 8).

10. La reconnaissance passive simple, ou le fait d'avoir des idées, est appelée perception.

(p. **499**.) — 11. Tout sujet qui possède une idée, quelle que soit sa passivité, quoiqu'il ne témoigne d'aucune activité, doit être un sujet percevant.

12. Toutes les idées sont ou des idées simples, ou composées d'idées simples. (p. **90**.)

13. Toute chose semblable à une autre doit s'accorder avec elle par une ou plusieurs de ses idées simples.

14. Tout ce qui ressemble à une idée simple ou bien doit être une autre idée simple de la même espèce, ou contenir une idée de la même espèce. (13).

15. Rien de semblable à une idée ne peut se trouver dans une chose qui ne perçoit pas.

Autre démonstration de la proposition, 11, 14.

---

(1) *Scaligerana Secunda*, p. 270.

(2) Ed, 1871. Paragraphe omis dans l'édition de 1900.

(3) Présenter ces arguments sous une forme plus brève et plus distincte, dans le Traité. (Note marginale de l'auteur).

16. Deux choses ne peuvent être dites semblables ou différentes, avant d'avoir été comparées.

17. Comparer, c'est considérer deux idées ensemble, c'est remarquer en quoi elles s'accordent et en quoi elles ne s'accordent pas.

18. L'esprit ne peut comparer que ses propres idées. 17.

19. Rien de semblable à une idée ne peut se trouver dans une chose qui ne perçoit pas, 11, 16, 18.

875. N. B. — D'autres arguments, en quantité innombrable, à la fois *a priori* et *a posteriori*, tirés de toutes les sciences, d'après les vérités les plus claires, les plus simples, les plus évidentes, serviraient à démontrer le Principe : à savoir que ni nos idées, ni rien de semblable à nos idées, ne peut se trouver dans une chose qui ne perçoit pas.

876. N. B. Il n'y a pas un seul argument d'aucune sorte, ayant un caractère certain ou probable, *a priori* ou *a posteriori*, tiré de n'importe quel art ou n'importe quelle science, tiré des sens ou de la raison, qui soit contraire à ce Principe.

877. Les mathématiciens n'ont pas une idée exacte des angles. De là vient qu'ils se servent des angles de contact pour prouver la divisibilité infinie de l'étendue.

878. Nous avons l'algèbre des intelligences pures.

(p. **500**) — 879. Je peux prouver les propositions de Newton avec plus de précision, de facilité, que lui-même, en m'appuyant sur des principes plus vrais que les siens. (¹)

880. Barrow avoue la décadence de la géométrie. Je veux pourtant m'efforcer de la sauver, dans la mesure où elle est utile, réelle, imaginable ou intelligible. Quant aux riens, je les laisserai à leurs admirateurs.

881. Je veux enseigner au premier venu tout le cours de mathématiques dans $1/_{10000}$ du temps qu'un autre y mettra. (p. **91**)

882. Beaucoup de matière à raillerie tirée des préfaces des mathématiciens.

883. Newton dit que la couleur se trouve dans la matière subtile. D'où il résulte que Malebranche ne prouve rien, ou se trompe, en affirmant qu'il n'y a que figure et mouvement.

884. Je peux faire la quadrature du cercle ; ils ne le peuvent pas : quel est celui qui s'appuie sur les meilleurs principes ?

---

(1) Avec la plus grande précision, une perfection complète. Leurs solutions des problèmes (eux-mêmes doivent le reconnaître,) sont infiniment éloignées de cette perfection. (Note marginale de Berkeley.)

885. Les de Billy (¹) emploient une ligne finie visible pour représenter ¹/ᵤ.

886. L'apparition de Marcile Ficin, au moment de sa mort expliquée par mon idée de temps.

887. Les philosophes perdent leur matière abstraite ou non perçue. Les mathématiciens perdent leurs sensations insensibles. Les profanes perdent leur Divinité étendue. Que perdent les autres hommes? dites-le moi. Quant aux corps, nous les conservons toujours.

888. N. B. Les physiciens et les mathématiciens futurs réalisent un gain considérable. (²)

889. Il y a des gens qui prétendent qu'il y a des sensations échappant aux sens; d'autres affirment que le mur n'est pas blanc, que le feu n'est pas chaud,... etc. Nous autres, Irlandais, ne pouvons arriver à ces vérités.

890. Les mathématiciens croient qu'il y a des lignes non perçues; ils dissertent sur ces lignes. Elles se coupent en un point, à tous les angles; elles sont divisibles à l'infini. Nous autres, Irlandais, ne pouvons concevoir de telles lignes.

(p. **501**). — 891. Les mathématiciens parlent de ce qu'ils appellent un point. Ce point, disent-ils, n'est pas considéré absolument comme rien, et ce n'est pas non plus véritablement quelque chose. Or, nous, Irlandais, sommes portés à croire que ce quelque chose et ce rien sont proches parents l'un de l'autre.

892. Engagements envers P. (³) à cause du *Traité* qui s'est développé sous son regard; à cause également de l'approbation qu'il a donnée à ma thèse. Honorable de la part de P. de protéger des vérités utiles, quoique récemment découvertes. (p. **92**).

893. Comment pourrais-je me risquer à publier mes pensées dans le monde, avant de connaître qu'elles seraient utiles au monde? Et comment pourrais-je savoir (qu'elles sont utiles), avant d'éprouver jusqu'à quel point elles s'accordent avec les idées d'autrui?

894. Je ne publie pas cette étude en vue de savoir autre chose que si d'autres ont les mêmes idées que nous, Irlandais: voilà mon but, plutôt que de faire connaître mes idées particulières.

---

(1) Jean de Billy et René de Billy, mathématiciens français: le premier est l'auteur de la *Nova geometriæ Clavis* et d'autres ouvrages de mathématiques. (Note de Fraser.)

(2) *Natural philosophers* (éd. 1900). Variante.

(3) Lord Pembroke (?) auquel les *Principes* ont été dédiés et auquel Locke a dédié son *Essai*. (N. de Fraser).

895. Les nihilistes et les matérialistes n'ont pas besoin de former un parti. (¹)

896. Mes spéculations produisent le même effet que les visites en pays étranger : je retourne à la fin où j'étais avant, mais le cœur à l'aise et jouissant de la vie avec une satisfaction nouvelle.

897. Quand nous parcourons toutes les sciences, quoiqu'elles soient fausses, pour la plupart, nous y gagnons néanmoins plus de pénétration.

(p. **502**). — 898. Celui qui veut amener une autre personne à partager son opinion, doit d'abord feindre d'être d'accord avec elle, et lui plaire, en adoptant sa manière de parler.

899. Dès mon enfance, j'avais en ce sens un inexplicable tour d'esprit.

900. On ne prouve pas qu'un nain est plus fort qu'un géant, parce qu'il peut rejeter loin de lui la taupinière qui l'oppresse; tandis que l'autre se débat sous le poids d'une montagne.

901. Toute l'œuvre tournée vers la pratique et la morale, comme cela ressort, premièrement, de ce que je rends manifeste le voisinage et l'omniprésence de Dieu, deuxièmement, de ce que je retranche le travail scientifique inutile, et ainsi de suite.

---

(1) Ed. 1871. Pensée omise dans l'édition de 1900.

Le *Doyen*,

DUMAS.

Le *Président de la thèse,*

E. THOUVEREZ

Vu et permis d'imprimer :

Toulouse, le 15 Juin 1907.

Le *Recteur, Président du Conseil de l'Université,*

CL. PERROUD.

INDEX

INDEX BIBLIOGRAPHIQUE

I

DESCARTES.-*Œuvres Complètes*, (édition A. Martin, du Panthéon littéraire).
MALEBRANCHE. *Entretiens Métaphysiques*, (éd. Jules Simon.)
LOCKE. *Œuvres philosophiques.*
> *De l'Entendement humain*, (nouvelle édition revue par Mr Thurot,) 6 vol., F. Didot, Paris 1821.

LOCKE's *Philosophical Works*,
> With a Preliminary Essay and Notes,
> by J. A. St John, 2 vol., 1875. George Bell and Sons,

Fr. BOUILLIER, *Histoire de la philosophie Cartésienne.*

II

1° ŒUVRES DE BERKELEY
(de 1707 à 1721)

(*a*) *Arithmética*, 1707.
> *Miscellanea Mathematica*, 1707.
> *Commonplace Book*, 1871, (écrit de 1705 à 1708).
> *Journal in Italy*, 1871, (écrit de 1717 à 1718).
> *A New Theory of Vision*, 1709.
> *Principles of Human Knowledge*, 1710.
> *Three Dialogues between Hylas and Philonous*, 1713.
> *de Motu*, 1721,
> *Passive Obedience*, 1712.
> *Essays, in the Guardian*, 1713.
> *An Essay towards Preventing the Ruin of Great Britain*, 1721 .

(de 1721 à 1742)

(*b*) *Alciphron* or the *Minute Philosopher*, in Seven Dialogues, 1732.
> *The Theory of Vision*, 1733.

The Analyst, (A Discourse to an Infidel Mathematician*)*, 1734.

A Defence of Free-Thinking in Mathematics, 1735.

Siris, a Chain of Philosophical Reflexions and Inquiries Concerning the Virtues of Tar-Water, 1744.

A Discourse to Magistrates, 1736.

The Querist, 1750.

2° EDITIONS DES ŒUVRES DE BERKELEY

The Works of George Berkeley, Including his Posthumous Works, 4 vol, by A. C. Fraser, 1871.

Id, id., édition 1901. Clarendon Press, Oxford.

Selections, by Fraser, 1874.

3° TRADUCTIONS FRANÇAISES DE BERKELEY.

Alciphron, Trad. de Jaucourt, 2 v., La Haye, 1734.

Siris, ou *Recherches sur l'eau de goudron*, 1 vol., Amsterdam, 1745.

Hylas et Philonous, trad. Gui de Malves, 1750.

Principes de la connaissance humaine, trad. Renouvier, dans la *Critique Philosophique*, 1889.

Fragments. (*Nouvelle théorie de la vision, Hylas et Philonous,*) tr. Parodi et Beaulavon, Paris, 1895.

4° ETUDES SUR BERKELEY

GÉRARD, *de Idealismi apud Berkelium ratione atque principio*, 1874, thèse de doctorat.

PENJON, *Vie et Œuvres de Berkeley*, 1876.

FRASER, *Berkeley (Blackwood's Philosophical Classics*, 1881).

COURTNEY. *Studies in Philosophy.* Failure of Berkeley's Idealism, 1882.

CARRAU, *La Philosophie religieuse en Angleterre*, 1888.

FRASER. *Philosophy of Theism*, 1896, 2me éd. 1899.

LESLIE STEPHEN, *English Thought in the XVIII th. Century*, 1902. (chap. sur Berkeley, p. 43, vol. 2.)

ROYCE'S, *Essay on Nature, Consciousness and* ¦*Self-Consciousness*, Cambridge, Massachussets, America, (voir " Mind and Nature", dans *The International Journal of Ethics*, Oct., 1902.)

5º ARTICLES DE REVUE, PÉRIODIQUES, etc

Blackwood, Janvier, 1869.

Contemporary, t. XX. Berkeley and Kant.

Macmillan's Magazine. The Revived Study of Berkeley, vol. 56.

Old and New, Boston. Life of Bishop Berkeley, vol. IV. 1871- 1872.

Quarterly Review, 1872. Etude générale sur Berkeley. vol. 132.

Revue Théosophique. Dissertation de Stuart Mill. 1876.

TABLE DES MATIÈRES

———

Cʜᴀᴘɪᴛʀᴇ IV.

L'INFINI ET L'ABSOLU

———

ERRATA

Pages 5,	note 3,	au lieu de : p. 7,	lire	p. 8
— 9,	note 2,	» 55,	»	65
— 11,	note 3,	» sect. 73,	»	sect. 63
— 14,	note 1,	» p. 22,	»	p. 23
— 25,	note 2,	» une doctrine,	»	ma doctrine
— 73,		» eternæ,	»	aeternae
— 83,	note 1,	» Leibuiz,	»	Leibniz
— 101,	(148)	» entr'elles	»	entre elles
— 108,	(241)	» volilion	»	volition

Imprimerie G. SERVIÈRE & F. PATAU. — CARCASSONNE

LIBRAIRIE FÉLIX ALCAN

DU MÊME AUTEUR

William Godwin (1756-1836), sa vie, ses œuvres
principales. La Justice Politique. Grand in-8°. **6 fr.**

Imprimerie G. SERVIÈRE & F. PATAU. — Carcassonne

www.ingramcontent.com/pod-product-compliance
Lightning Source LLC
Chambersburg PA
CBHW070351090426
42733CB00009B/1376